윤슬 曺南鉉 첫 시집

각시패랭이꽃

시인 **조남현**
필명 **윤 슬**

전라북도 정읍 출신
계간 〈현대작가〉 등단
현대작가회 회원
시집 《각시패랭이꽃》 배문사

각시 패랭이꽃

⟨시인의 말⟩

싱그러운 풀꽃들의 웃음소리

지나온 세월의 무게만큼
겹겹이 짓눌린 시루떡 같은 삶을
한 켜 두 켜 벗어내고
가슴속에 곪아터진 아픔을 토해내며
인생의 끝자락에서
숨가쁘게 살아온 삶의 여정旅程을
육안肉眼이 아닌 영안靈眼으로
내면의 세계를
진솔하게 승화시키고 싶었으나
너무 막막했었습니다.

정답고 고마운 친구
장철주 시인의 격려에 용기를 얻고
종심從心을 한참 지나
싱그러운 풀꽃들의 웃음소리를
이제야 느끼면서
계간 ⟨현대작가⟩에 등단하여

희수喜壽의 나이에
졸시로 책을 내고 보니
아쉬움과 지인들의 시선이 두렵고
부끄러움이 앞섭니다.

반백년이 다 되도록
우직하게 근무했던 건설현장 동료들과
가족들의 열띤 성원에 감사드리면서
초심初心을 잃지 않고

꺼지지 않는 심지가 될 것을 다짐하며
책을 출간한 도서출판 임직원에게도
감사드립니다.

앞으로
좋은 글 많이 쓰겠습니다.

2024년 초여름
윤슬 조남현(曺南鉉) 배상

● 가족사진 ●

시은

시현

은석

민석

재석

독도

잉걸불처럼
이글거리는 태양과
눈보라
비바람 몰아치던 날들이
몇 겁(劫)이던가
무시이래(無始以來) 어느 누구도
감히 넘보지 못했던
호랑이
꼬리 끝이 머무르는 곳

구십여 개의 작은 섬들
데불고
다부지게 잘 살아보라는
단군 할아버지의 전설이 깃든 섬

새 아침
말갛게 솟아오르는
첫 햇살의 정기를 받아
뭍으로 보내주는
무지개의 섬

메이지정권의 결정도
숨기고
울타리 넘어오는 시선(視線)
고개 돌려 포효하는 호랑이의 앞발이
두렵지 아니한가?

동해
한가운데
외따로이 우뚝 솟아
칠천만 겨레의 혼이 숨 쉬는
아름답고 신비로운
우리의 섬
독도

오늘도
거센 파도에 할퀴고 시달려도
훨훨 타오르는
태극의 등대를 밝힌다.

2024. 7. 25.(중복날 아침)

차 례

화보 독도

제1부 ─────
구름도 강물도 세월도 흐르고

각시패랭이꽃 · 22
봄비 · 24
이름 · 26
변산 바람꽃 · 28
12월 · 30
달맞이꽃 · 32
성묘 가는 길 · 34
그때가 은행잎인 것을 · 36
먹줄 · 38
가을이 오는 길 · 40
부사의 방을 찾아서 · 42
꽃샘바람 · 44
첫눈 · 46
춘분날의 오수 · 48

8월 보내며 · 50
시로미 · 52
붉은오름 휴양림 · 54
한라산 등정 · 56
산수유 · 58
새 아침에 · 60
고향집 · 62
장마 · 64
능소화 · 66
봄이 오네 · 68
우수와 경칩 사이 · 70
꽃순의 시련 · 72
내 몸에 암이 · 74
영수의 영면 · 76

제2부
물빛 서러움으로 밀려오는 그리움

4월의 변신 · 80
서호천 산책길 · 82
할미꽃 · 84
목련의 봄 · 86
수수꽃다리 · 88
오월 소나기 · 90
밤낚시 단상 · 92
입동 · 94
노을 · 96
이월 어느 날 · 98
오월 · 100
보리밥의 추억 · 102

명동초소 • 104
줄넘기 • 106
호박꽃 • 108
분노의 막걸리 사발 • 110
전등사 나녀상 • 112
굴비 • 114
복수초 • 116
겨울나무 • 118
입춘 지나서 • 120
설날 아침 • 122
시들한 소한 • 124

제3부 ─────
꽃을 피우는 그리움

가을비 · 128
폭염 · 130
참새구이 · 132
눈 맞으며 · 134
실직 소묘 · 136
진도의 으뜸 · 138
진달래 · 140
꽃비 내리는 · 142
보리서리 · 144
복숭아 · 146
복날 · 148
활기찬 녹색 현장 · 150

고추잠자리 · 152
나팔꽃 · 154
꽃무릇 · 156
추석 · 158
가을앓이 · 160
낙엽 · 162
귀신놀이 · 164
입추 · 166
삼계탕 집에서 · 168
장마 · 170
겨울비 · 172

제4부
물안개처럼 스미는 추억과 그리움

함박눈 • 176
덕적도 • 178
대청황제공덕비서울 • 181
수박 잔치 • 184
가로등 • 186
미어캣 • 188
무제 • 191
단풍 • 192
세월 • 194
어느 이발사의 죽음 • 196
고슴도치의 지혜 • 198
눈사람 • 200
쓸쓸한 노후 • 202
대설 폭우 • 204
내일 • 206
겨울 산길 걸으며 • 208
케케묵은 기억 • 210
오래된 사진첩 • 212

여름밤의 꿈 • 214
축복의 달 • 216
나도 언젠가 • 218
봄비 • 220
봄소식 • 222
산수유 • 224
아내 • 226
경칩 • 230
어느 늦은 봄날 • 232
엘레지의 꽃 • 234
현충일에 • 236
저승가느 길 • 238
나무 백일홍 • 240
비오는 봄날의 꿈 • 242
천년부부 • 244
야화 향기 • 246
5월이 가면 • 248
스마트폰 • 250
꿈과 전설의 꽃 • 252

작품론

제1부

구름도 강물도 세월도 흐르고

각시패랭이꽃

누이야
망나니 같은 먹구름이
한 차례 휘몰아치고 간 뒤
차마 눈길 거두지 못하는
내변산 자락에
옹기종기 피어 있구나

밀가루 뒤집어쓴 듯
하얀 솜털에
연분홍 진달래보다 더 고운
네 꽃이 피어 있구나

두고 간 새끼들이
사무치게 그립고 보고파
붉은 가슴에 하얀 멍이 들었나
가슴앓이 꽃이 피어 있구나

구름도 강물도 세월도 흐르고
이제 샘물보다 더 싱그러운
저 내변산 직소폭포 타고 올라가
눈부시고 새로운
미타찰彌陀刹에서 보자꾸나.

봄비

빈곤의
겨울을 보낸
쑥과 달래 냉이 씀바귀가
비단 같은 안개비에
해맑은
얼굴을 씻으며 겨울을 털어내고

상큼한
아침을 깨우며
보슬보슬 내리는 단비가
새순들의 노랫소리 들으며
하루종일
마른 대지를 흠뻑 적시는
엄마의 젖줄 같은
고마운 단비

삭풍에 움츠렸던
연둣빛 그리움,
초롱초롱 눈망울 위로
하늘이 내려주는 감미로운 생명수
방울방울
맺히는 연초록의 꿈

설렘의 순간
행복의 눈물이 되어
마음껏 울어보고 싶은
찬란한
그리움의 탱고소리

훔치는 사랑.

이름

쌀 열 가마의 값비싼
이름과
보리쌀 한 말의 싼 이름
막걸리 한 되 사주고
받아온 이름

친근감 있는 이름
듣기 거북한 이름도 있다

총격 33획이 아니더라도
자신의 그릇 안에
꽉 차고
기억하기 좋으며 부르기 편하고
예쁜 이름

삶의 동력이고
친화의 표상이다

살아 생전 잠시 번쩍거리다가
아슴아슴
잊혀져 가는 이름,
죽어서도 잊혀지지 않고
보석처럼
빛나는 이름들

왜 사람들은
자기 이름에 연연할까

어차피
뜬구름 같은 무소유의
이름들인데.

변산 바람꽃

잔설이 녹을까 봐
엄동의 설움에 움츠린
시린 가슴 떨쳐내고
에둘러 나왔더니
바위틈 노란 얼음새꽃이
먼저 나와 반겨준다

봄내음 밀려오는 해맑은 아침
버들강아지 살 오른
개암사 골짜기에
님 찾아 나섰다가
배시시 내민
단아하고 우아한 너의 모습을 본다

분홍의 노루귀꽃, 금잔화 벗 삼아
활짝 핀 가녀린 소녀 같은 꽃
변산의 삭풍에

할퀴고 짓밟힌 인고의 세월이
얼마이던가
가슴속 설움을 토해낸
백색의 꽃잎들
잔설 위의 고운 자태
변산 바람꽃
청초한 너의 미소에 뛰는 가슴

눈석임*의 꽃밭에서
너를 보며 한동안 서성인다.

* 눈석임: 쌓인 눈이 속으로 녹아 스러짐.

12월

잿빛 하늘
눈보라치는 날씨에 호호 손을 불며
작은 바람에도 팔랑거리며
떨고 있는 한 장 남은 그림달력을 본다

코로나 쓰나미로
삶이 피폐해진 신축년도
이글거리는 태양이 제 몸을 태우면서
서산으로 넘어가듯
황혼의 장막을 역사 속으로
내리고 있다

그림달력의
서걱거리는 갈대숲을 지나
징검다리 밑으로
조용히 흐르는 세월의 강물에
못다한 꿈들, 근심, 걱정, 후회, 실망……
흘려보내고

이마에 또 한 줄 주름이 늘었지만
살아온 날만큼
빨리 흐르는 시간 속에
여명의 기쁨이 찾아오고
빈자리에 또 사랑과 꿈들이
채워지겠지

건강하고 행복한 웃음 넘치는
새날을 소망하면서
정신없이 또 한 해를 보내는
아쉬움만 남는다.

달맞이꽃

아직은 이른
가을내음 귓가에 맴도는 밤
별들이 내려와 물장구치는
맑은 개울

떠오르는 보름달을
노란 왕방울눈 치켜뜨고
발돋움하며
가슴 가득 그리움 안고
바라보는 꽃

소쩍새 울어대는
달빛 없는 소슬한 밤에도
촉촉한 눈망울로 사모하는 이 마음
외로운 몸부림에
키만 훌쩍 커버린 애달픈 짝사랑

사랑이란 이름으로
둥지를 틀고
간절한 눈빛으로 바라보다
너무너무 멀어
숯덩이된 가슴에 쌓여가는 외로움
부둥켜 안을
그날을 기다리면서
새벽이 오면 조용히 눈을 감는다.

성묘 가는 길

창문 너머
새벽하늘에 함박눈이
소복소복 내린다
신나무* 졸가지 위에도
만개한 이팝나무 꽃처럼

순백의 떡국으로 묵은 때
씻어내고
눈 쌓인 백곡리 계곡을 오른다
토끼 같은 손자들 발자국
발맘발맘*
오래된 이별을 그리며
먼 곳의 큰 사랑을 찾아
성묘 가는 길

안다미*로 올리는 막걸리잔
소복소복 쌓이는 눈송이처럼

애잔한 그리움의 꽃이 핀다
혈족으로 살아온 날들이
핏빛 그리움으로
가슴에 파고든다

돌아오는 자국자국마다
갈맷빛을 꿈꾸며
외로움을 털고 일어나는
봄의 소리가 들린다.

* 신나무: 단풍나무과
* 발맘발맘: 자국을 살펴가며 천천히 따라가는 모양
* 안다미: 그릇에 넘치도록 많이

그때가 은행잎인 것을

세상 일들은 앞산 서리 하얗도록
동구밖 징검다리 위로
한 잎 두 잎 야위어 가고

입동 비바람에 실려가면
찬서리 내리는 앙상한 가지 위에
두 팔 벌린 성자聖者처럼
조각달 걸어놓고
하얀 눈꽃 기다리겠지

해지는 저녁 어스름이지만
포근하고 따스한
노란 병아리 친구들도 보고 있을까

저 바람에 사위는 꿈조각들을
세상일들은
가을 햇살처럼 노을처럼 지나가고

새봄엔 다른 몸을 열방으로 갈아입으니

그 조각이 쌓이는
삶의 징검돌을
사뿐사뿐 딛어보고 싶구나.

먹줄

단풍나무 다듬어 파고 깎아내어
통을 만들고
명주실 꼬아 만든 탱탱한 줄에
향내 나는 참먹 갈아 넣고
도편수 혼을 담아
왼손에 휘어잡고
오른손 자신감의 엄지와 꿈의 검지로
힘껏 당겨 튕긴다

칼날보다 예리한 검푸른 선위에
당골네 작두 타듯
신명 나게 한판 놀고 나면
고층 아파트가 세워지고
병아리들이 뛰노는 초등학교와
'아, 대한민국' 아우성소리 드높은
축구장이 탄생한다

소리 없이 소복소복
눈 내리는 밤
흘러간 세월의 나이테 돌아서
버팀목이 되어준
고마운 그대
회한의 시간들을 숙성시켜
곱게 승화시켜줄 날이 오겠지

오늘도 차가운 섣달 초여드레
3층 수영장 콘크리트 바닥에
플라스틱 먹통으로
팽팽하게 당겨 튕긴다
'탁' 경쾌한 소리와 함께
묵향이 퍼지면서
물안개 피어오르고
수영복 여인네들의
간드러진 웃음소리가 들린다.

가을이 오는 길

풀내음 익어가는
싱그러운 남도 벌판에
메뚜기 한 쌍
짙은 사랑을 갈무리하고
아홉 마디의 산구절초 위에
고향의 향수가 함초롬이 피어 있네

팔랑거리는 가냘픈 나팔꽃
보라색 손수건 흔들며 이별의 눈물에 젖고
하늘 냄새가 물씬 풍기는
코스모스잎 띄워 놓은
파란 호수 속으로 빨간 고추잠자리
몇 마리
땀 흘리며 하늘길을 트고 있네
알알이 탐스럽고 풍성한
가을이 오는 길을

호박넝쿨의 찢어진 누런 이파리 사이로
샛노란 들국화 향기 품으며
먼저 마중 나와 있네
사랑하는 당신
낮게 낮게 오시라고.

부사의 방을 찾아서

변산바람꽃 눈 비비는 소리에
종종걸음으로 촛대바위 돌아가는
겨울 찬바람을 보며
마천대 천길 낭떠러지 아래
피눈물을 흘리며 망신참亡身懺의
고행으로
지장보살님과 미륵보살님의 계를 받고
득도하셨다는
통일신라 경덕왕(742~765) 때의 고승
진표율사의 부사의 방장

깎아지른 병풍바위 허리
기다란 네댓 평의 좁은 반석 위에
밧줄 타고 내려가
장쾌한 풍경 뒤로 하고
가부좌하며 눈 감는다
귓불 스치는 바람에

봄내음이 풍긴다
수행하며 도를 이룬다는 것은
모난 돌이 굴러굴러 둥글둥글
바다까지 도달하는 과정이란다

진표율사의 미륵설법이
좁은 반석 위에
눈부신 햇살로 가없이 돋아난다
아라한阿羅漢은 아니어도
살짝 맛은 볼 수 있지 않을까
두 손을 모아 본다

바람꽃의 꽃잎들이
벌처럼 아니 나비처럼 날아내리고
지나가는 흰구름 속에
푸른 옷의 동자가 방시레한 얼굴로
손짓을 한다.

꽃샘바람 花妬娟

앞다투어 돋아나던
홍매화 봉오리들
봄이
오는가 했더니
북풍에 진눈깨비 몰아쳐
움츠린 꽃봉오리들
에일 듯 시려
몸서리치며 떨고 있네

험한 세상 맞서 싸워서
더 강해지라고
꽃샘추위는
그렇게
혹독하게 몰아쳤나보다

목화송이 솜보다 더 따사로운
햇볕이

매화밭에 돗자리 깔자
보란 듯이
봄기운 밀어 올려
홍매화 활짝 핀 황홀한
봄날이 왔네.

첫눈

12월 03일
잔뜩 찌푸린 새벽하늘에
월드컵 축구 16강 진출과 함께
맨발로 달려온 소식

함박꽃 같은
그대가 빨간 단풍잎 융단 위로
사박사박 내려온다

하얀 버선발로 춤추듯 내려오며
시린 미루나무 빈가지에
사뿐이 내려와
부둥켜 안으면서 달보드레한
입맞춤을 한다

오랫동안 헤어진 연인처럼
부르르

떨면서 눈물 흘린다

소담스럽게
쏟아지는 하얀 가슴속으로
밀고 들어가
손끝 시린 황혼의 설운 마음 안고
뒤돌아보니

아침식사 하자고 부르는 소리,
당신이
설레는 내 첫눈이었네.

춘분날의 오수 午睡

아직 잔설이 남아 있는
뒷산의 바위틈에
봄볕이 드니 온몸이 나른하고
눈이 감긴다

나이떡과 냉이 된장국에
막걸리 한통에 콧노래 부르며
쟁기짊어지고
소몰아
재넘어 논갈이 간다

지난밤 옆집 끝순이와
물레방앗간 생각에
가슴이 두근두근
붉어진 얼굴에 발걸음이 빨라진다

곰방대 입에 문 주인영감
처마밑에 돌아온

현오치* 보며
가슴 큰 건넛마을 과수댁
기별이라도 받은 양
반색을 한다

카톡카톡
은석이 민석이 수상 소식에
눈 비비며 휴대폰을
열어본다.

* 현오치: 제비의 옛말.

8월 보내며

숲속 가득 솔향이 감미로운데
넘실대는 파도가
하얗게 부서지며 오고 가는 물보라에
흘러가는 세월이 느껴지고
수평선 너머 불어오는 바람결이
햇살 튀기듯 뜨거워도
묻어나는 삶의 고뇌 속에
애타는 생존의 몸부림

잘 익은 포도알 같은
땀방울이 가슴골 타고 내려
개울을 만드는 찜통더위에
자다가도
팔다리 경련에 시달리던 열대야
풋내음 익어가고 귀뚜라미 울음소리에
반가운 처서의 절기

옷에 묻은 때는 물로 씻는다지만
마음 구석에 찌든 때는
무엇으로 씻어낼까

은석이 민석이와 재석이의
손을 잡고
출렁다리 지나 촛대바위 감상하며
추암해변에서
즐겁고 보람 있는 하루를 보낸다
사랑과 그리움이 옹골차게 여물어가는
8월을 보내면서 -.

시로미 巖高蘭

명주바람 앞세워
별들이 자리에 들고
성난 파도처럼 새벽이 밀려오면
청초한 보라색의
가슴 저리게 수줍은 꽃
햇살이 눈부셔 겨드랑이에 숨는다

빗장 걸고
엎드려 살아온 날들이 몇천이던가
서복*의
눈을 피해 오르고 또 오르고
시끄러운 세상 피해온 선모초仙母草와
진달래밭 암벽에서
시리게 빛나는
영혼의 소생을 느낀다

은하수 내려와 길 잃은 사슴들
보듬어주는

따뜻한 어머니의 숨결이 깃든
영주산瀛州山에서

구깃구깃 햇볕이 구름 위에 가득한
시원한 백로의 절기
저녁노을보다 더 선명한
까마귀의 열매
한라산의 영물 암고자巖高子가
까맣게 익어간다.

* 서복: 진시황의 신하. 불로초를 구하러 삼신산으로 떠났다 함.

붉은오름 휴양림

한라산 기슭
상잣성 넘어
시간의 두께가 쌓인 곰솔 숲속에서
몇 줄기 명주실 같은
햇살이 매달려
제주 왕나비 날갯짓따라
수만 폭 초록비단을 둘러업고
그네를 타네

밀감밭
해풍 피해 줄이려고
삼나무를 심었더니 하늘 높이 자라
오솔길을 덮는 풀벌레소리 교향악처럼 흐르고
피톤치드 뿜어내는
싱그러운 힐링숲의 명산이 되어
관광명소 되었네

울창한 삼림 속에
편백나무집을 지어
도심의 일상에 지친 영혼들
재충전하라고 산림청에서 복권의 기부액을 받아
붉은오름 자연 휴양림에
숙박업을
개장하여 임도 보고 뽕도 따고 있네.

한라산 등정

새벽
이슬에 씻고 나온
풀꽃들의 싱그러운 향내음 맡으며
눈부신 햇살도
조각되어 춤추는 숲속길을
큰손자와
땀방울 훔쳐가며 돌고 돌아 오른다

고라니들의 괴성을 들으며
진달래밭 대피소에서
숨통이 뚫리는 것 같은 휴식과
생수 한 통

갈매기난초와
한라산비장이 보라색꽃들의
군무 위로
죽어서도 하얀 뼈대로

살아가는 고사목古死木들
세월이 실어간
삼별초의 말발굽소리 그리워서
옆으로 누워 귀를 세운다

안개비 휘감기는
아스라한 천국의 계단을 올라
정상에서
살갗 트는 한기 느끼며
옷깃 여미는데
발아래 흘러가는 하얀 구름들,
은하수를 잡아당긴다는
한라漢拏의 새김이
실감 난다.

산수유

겨우내
설한풍에
얼어터진 가지

봄살 뽀얗게 피어오른 가지마다
알몸으로 비집고 나와
길을 밝히는
청순하고 노란 꽃송이들
다닥
다닥다닥

보드라운 바람 불 때마다
송이송이 꽃숭어리
출렁이는 노란 숨결들
화려한 봄날을 수놓는다

소담스러운
동그란 노란 속살의 미소가
황홀한 추억의
춘정에
마음 설레게 하더니
잎보다 먼저 꽃비 내리고
꽃진 자리마다 빨갛게 사랑 키운다.

새아침에

수미산須彌山
삼십삼천에 울려 퍼지는
서른세 번의 종소리
묵은해의 아픈 사연들
어둠에 묻고
새로운 삶을 향해
희망찬 새해를 맞이하소서

얼굴 없는 바이러스에 휘둘리고
분열과 갈등이 춤추던 한 해
아물지 않은 상처마다
뽀얀 새살이 돋아나도록
배려와 믿음이 넘치는
새 아침을 열어 가게 하소서

보라,
힘차게 솟아오르는

이글거리는 저 태양을
가시덤불 헤쳐 가며
암울했던 지난 세월 떨쳐버리고
밝고 넓은 마음
성실하고 겸손한 모습으로
향기로운 희망을
내 사랑하는 소중한 사람들과
또 한 번의 기회를
벅찬 가슴으로 최선을 다하고
도약하는
한 해가 되게 하소서.

고향집

낯익은 동네 어귀
향수에 눈물짓던 고샅길 따라
부서진 사립문 제치고
마당귀 한편에 동그마니 서서
하늘을 본다

까마득한 기억들이
흙내음 풍기며
아스라이 가슴에 안긴다

저 멀리 울타리 넘어온
노란 호박꽃들이
손 흔들며 반겨주는 정들었던 집
풀벌레소리 애잔한 무더운 여름밤엔
앞냇가 통나무다리 위에서
어르신들 시조가락 들으며
잠들던 고향마을

정화수 떠놓고
무병장수 빌어주시던 할머니 모습
물안개 되어 감돌다
뒷산 골짜기로 스러진다

세월 따라 가버린 목소리들
귓가에 감감한데
출렁이는 그리움 하나
나풀대는 호롱불 아래
하얀 모시적삼 마름질하시는
미소 띤 그 얼굴

풍겨오는 젖내음에
흩어진 열 남매의 추억에 젖어든다.

장마
― 금강변에서

먹장구름들이 몰려와
쏟아져내리는 물폭탄에
경계가 없어지고
쓰나미처럼 휩쓸려간 산골마을
피땀으로 얼룩진 전답들을
쑥대밭으로 만들고
삐쭉 내보인
얄미운 파란 민낯 속으로
무지개꽃이 피었다

온갖 토사물들을 집어삼키고
넘실대며 포효하는 황톳물에
가축들이 떠내려가고
유실된 다리 밑으로
달도 물에 잠겨
칠흑 같은 마을의 수해현장에
빗줄기를 부여잡고

질퍽한 눈물 한마당

천둥번개 빗속에
무너지는 절개지처럼
이전투구泥田鬪狗에 혈안이 된 정치인들
교만과 이기심으로 뭉친 탐욕도
무너뜨려 주기를
비단 같은 마음으로 기원해 본다.
- 비단강변에서 -

능소화

칠월의 뜨거운 햇살 아래
능소화 덩굴손
마당귀 대추나무를 아등바등
감고 기어올라
담장너머로 붉게 피어오른다
가슴 저린 그리움 안고
핏빛으로 물든
슬픈 전설의 아름다운 꽃
양반들의 꽃

폭염과 장마가 휩쓸고 간
반공일 오후 미련만 남기고
봉오리체 떨어져 낭자한
예쁜 나팔귀꽃
꽃잎 하나 집어 들고
살포시 귓가에 대본다

앞집 신혼부부
깨 볶는 소리로 시끄럽고
소쩍새 우는 밤
옆집 순돌엄마 서방 잡도리하는 소리와
먼 옛날 소화궁녀의 흐느끼는
소리까지
아스라이 들려온다

꽃잎 진자리에 사뿐히 내려앉은
빨간 고추잠자리 날개 위로
서쪽노을의 눈시울이
벌겋게 물들어온다.

봄이 오네

자드락길 휘감아도는
부들솜 같은 바람
시리고 아픈 가슴
화알짝 열고 팝콘처럼
왈칵왈칵 쏟아내는
방울방울
꽃봉오리들

발그레 달려오는
연초록 안갯속에
텅 빈 가슴
생기 돋아나며 남몰래 움이 튼다

새하얀 포말 일으키며 흐르는
여울물속에
두 귀를 담그며
설한의 고통을 가득 띄워 보낸다

가슴 깊이 잠들어 있던
잊힌 편린片鱗들이
꽃송아리되어 주렁주렁 피어나고
초록숨결로 물드는
고픈 그리움의
연둣빛 봄날이 온다.

우수와 경칩 사이

무겁게 내려앉은
잿빛하늘
눈물 같은 보슬비가 온종일 보슬보슬
뒷산 응달진 곳
잔설들 하산길 나서고

졸졸대던 여울물에
동안거 끝낸 개구리
흥얼흥얼 기지개 켜는 소리
화들짝
놀란 송사리떼
구름 속에서 속살거리네

인고의 세월
끓어오르는 그리움, 뜨거운 갈망
피눈물 되어 흘러내리더니
물오른

버드나무 가지마다
아린 껍질 밀어내고
연둣빛 입술

햇살대던 보드란 바람결의
풍정에
생강나무 방긋 웃는 노란 꽃망울들
살며시 내뿜는 향기에 취해
사물사물 피어오르는
아련한 그리움만 우수憂愁에 젖네.

꽃순의 시련

화사한 봄볕 속에
속치마 올리고
하얀 속살 내보이는
목련 한 송이 너무 고와서
심술부린다

잡아끄는
살구꽃 향기와
짝 찾아 뛰노는 개구리에
질투가 나서
옷깃 여미며
지나가는 칼바람

움츠리다
앞다투어 쏟아지듯 벙그는
섬섬옥수의 꽃순들
봄의 마지막 시련인 듯

혹
질투하는 마음이
앞서진 않았는지
애증의 세월을 뒤돌아볼 때
우리 마음에도
진정한 봄이 오겠지.

내 몸에 암癌이

매화향기
소올소올 풍겨오던
14년 봄
몸살감기라고 달포가 넘도록
주사기만 혹사시킨
이비인후과 김 선생

비강에 암 덩어리
파르라니 놀라며 허둥지둥
분노와 회한의 끝자락
조 교수의 수술집도
기도해주시던
노老수녀님의 차갑던 손
정지된 꿈들
한 움큼의 세월과 마음 몇 조각
눈물로 농축되어
수술실 천정에 가물가물

사위어가고

이마에서 떼어낸 살로
콧속을 채우고
날아가버린 콧방울
피에로의 가면 같은 거울 그림자
전생의 업보와 의술의 한계가
뒤범벅되어
밉디미운 봄날이 간다.

영수의 영면

휴대폰을 타고 온
슬픈소식
고질병으로 고생하던
아까운 영혼 하나

날개 홰치고
서산 넘어가는 노을 따라
이카루스가 되었네

목공일을 달란트로 여기며
영규와 연선이 잘 키웠다고
즐거워하던
술 취한 동안童顔의 그 모습이
아스라이 아롱지는 밤

저 세상 찾아
이소離巢를 하네

연화장 창문 너머
슬픈 눈물들 먹고 자란
매화가지에
하얀 꽃들이 벙그는데

훨훨 날아
수미산須彌山 넘어
별이 되어
애틋한 가족들의 앞길을
비춰주겠지

자닝한
피붙이들의 울음소리 들으며
들꽃들 피어오르는
포근한 선영의 품속에서
잠매潛寐에 드네

남은 이들 가슴에
사랑과 그리움만 남기고

못다 이룬 뜻
하늘에서 이루시고
극락왕생 하시길.

제2부

물빛 서러움으로 밀려오는 그리움

4월의 변신

늙은 벚꽃나무 두어 그루
무딘 가지마다 화색이 돌며
굽은 줄기마다
흥건히 젖는 봄
꽃몸살을 앓는다

튀밥 튀듯 은빛 날개 펼치며
덮쳐오는 꽃
백옥같이 밝고 순결한 모습으로
봄문을 연다

달콤한 전율 풍기며 살랑대던
뽀얀 얼굴들
간밤 봄비에
고즈넉한 그리움만 남긴 체
와르르 무너져
맑고 깨끗한 영혼으로 져내리는

꽃잎 꽃잎들

산후풍도 잊은 채
연둣빛 새순들을 무성히
뿜어낸다

봄은 벌써 신록의 옷을
갈아입고 있었다.

서호천 산책길

말라 비틀어져
꺾이고 부러진 억새밭에
새순들이 솟아올라오는
산뜻한 길
흐르는 물줄기따라
그리움을 한껏 띄워 보내는
해거름 산책길

칠층 돌계단 보에
눈덩이 같은 하얀 포말 일으키며
떨어져 내리는
성난 물소리
공사장 소음을 통째로 삼키며
잘 정돈된
분홍빛 철쭉들의 군무에
화답하며
줄기차게 흐르는 서호천

연둣빛 머리채 늘어뜨린
아름드리 버드나무에
배치기 등치기 하는
늙은 이지매의
간절한 염원
산들바람에 실어
저녁노을 붉게 물들인다.

할미꽃

앞산 고개 넘어
임자 없는 무덤가
뻐꾸기 울음소리에
피를 머금고
보송보송 돋아난 털옷을 걸치고
다소곳이 허리 굽힌다

서러움과 외로움에
젖어온 나날들
사랑의 굴레를 벗어나고파
말 못한 사연 뿌리 깊숙이
묻어놓고
홀로 피어난 꽃

기다림에 지쳐
흰머리 풀어헤치고
텅 빈 가슴에 자줏빛 멍이 든 채
눈물 흘리며 고개 숙인 꽃

풋정 많은 산들바람에
하염없이 흐느끼는
어미의 애타는 단심
한 줄기 햇살이
감싸주네.

목련의 봄

삭풍에 떨던 모진 세월
안으로 안으로
그리움 키우면서 견뎌온 시련
따사로운 햇살 아래
신열을 앓는다

마디마디 찢어지는 고통
살며시 돌아앉아
인고의
꽃망울들 열고 있다

훈풍의 사랑스러운 입김에
부끄러워
하얀 치마 입고 물구나무 서서
몸을 열어젖힌다

시리도록 순결한

봉오리를 추켜올리며
선녀처럼
순백의 우아한 자태로
활짝 웃는 목련꽃

사랑은
꽃부터 피우면 쉽게 지나보다
신음하는 꽃잎아래
연둣빛 이파리 돋자
찬란했던 목련의 봄은 그렇게
훌쩍 떠나간다.

수수꽃다리

빛 고운
사월의 신록에
보랏빛 청순한 얼굴
꿈틀대는 그녀의 속살에서
송골송골 배어나오는
리라꽃 향기
고요한 산책길에
살포시 스미어 발목 잡는
수수꽃다리

가녀린 소녀가
바다 건너 서양물 먹고 살다
옛정이 그리워
요염한 여인으로 돌아온
초롱초롱한
진보라빛 눈망울,
달콤한 입술로

진한 향기 뿜으며
유혹하는 첫사랑의 꽃
미스킴 라일락

너의 상큼한 향기에 취해
먼 젊은 날의 한때가
가슴에서
그리움으로 새포롬히 피어난다.

오월 소나기

초록이 흐르는
물결 위로
검은 그림자 드리우면
천둥번개 넘실대고
양동이 위로
하늘이 무너져 쏟아내린다
숨가쁜 대지의
비명소리 들으며

먹장구름 사이로
삐쭉 내민
솜털 같은 햇살 머금고
가시덤불 속
눈시울 시리도록
새하얗게 벙글고

알싸한
향기 출렁이며

한소끔 그리움만 남겨놓고
물빛 서러움으로 밀려오는
하얀 찔레꽃,
울 엄마 같은 꽃

무지개 뜬 오월의 산하에
애달픈
뻐꾸기 울음소리만
빈가슴에 메아리친다.

밤낚시 단상

긴 그림자 술렁이는 금강변에
살랑거리는
바람 따라 드리우는 대낚시
손끝에 전해오는
물의 마음

미늘을 숨기며
꿈틀대는 지렁이로
유혹해 보는
초여름밤의 찌낚시

달빛 일렁이는
수면 위로 마음을 드리우면
밤꽃 핀 달빛 아래
노란 어신찌 따라
밑으로 딸려들어간다

보드라운
부들들의 초록 뜨락에
세월이와 어깨동무하고 놀다
은하수 흐르는 소리에
깜짝 놀라 눈떠보니
노란찌가 요동친다.

입동

서호천
서걱대는 하얀 갈대밭에
은하수 무서리되어
내리는 밤
푸르던 잎 다 떠나보내고
늙어가는 세월에
꿈을 엮으며 꼿꼿이 서 있네

휘어진 두 팔에
주렁주렁 매달려 빨갛게 익은 감들
산까치
유혹하는 늦가을 그림자

살얼음 타고
입동이 미끄러지듯 오고 있네
바람결에
눈소식 듣고 붙잡힐까 봐

가을은
벌써 쓸쓸히 떠나네

찬바람만
억새꽃 하얗게 날리며
산너머
머뭇거리는 겨울을 재촉하며
함박눈을 부르고 있네.

노을

아람 부는
밤나무 우듬지에
끓는 가마솥 같은 더위
벗어놓고

꽃밭 같은
선홍빛 서쪽하늘
활활 불태우며
반짝이는
열두 폭 비단치마 물결 위
이승의 문턱 넘어
진저리치며
스러진다

찬란한 노을 보며
세월의 나이테 속으로
고뇌의 나비되어

멍때리며
가득 찬 막걸리잔 위에
또아리를 튼다.

이월 어느 날

혹한의 추위에 벌벌 떠는
겨울의 품속에서
봄은 태동하고 있었다
은미한 귓속말 소리 내면서

한 줄기 햇살에도
눈물 흘리며 도망가는 잔설들
눈 녹은 개울물 소리로
봄은 따라 흐르고

갈색의 산등성이에도
봄의 기지개 켜는 소리에
산수유 도란도란
터질 듯 부푼 꽃망울

따사한 밝은 햇살 드리운
시린 나목裸木의 가슴에도

꿈틀대는 파란 속살 내미는데
입춘이 웃으며 지나가고 있다

그리움에 목이 타
하늘 높이 치솟는 가지에
녹음 우거져

새들의 보금자리와
아이들의 노랫소리 꿈꾸며
힘차게 새순들을 뿜어낸다.

오월

새벽이슬 영롱한
싱그런 아침
밝은 햇살 한 줄기 어른대는
청보리밭 파도 위로
첫사랑이 새롭고

솔바람에 실려오는
그윽한 아카시아꽃 향기
방울방울 그리움되어
심연深淵에 서성이는데

보랏빛 등나무꽃 만발한
마당귀 한편에
붉은 향기 가득한
핏빛 장미가
사랑에 빠져
선혈로 쓴 오월의 함성

풋내음 일렁이며
웃음꽃 만발한
초록의 계절에
외초로이 서 있는
고픈 나그네.

보리밥의 추억

서쪽하늘에
으스름 내리면
아람찬교 감고도는
안개사슬이
금강줄기를 쑥빛으로 물들인다

개망초
어지러이 피어 있는 언덕배기에
밤나무 몇 그루
하얀 꽃 흐드러지게 피어
비릿한 향기
소로소로 뿜어내면
젊은 날의 청보리밭이
정겹게 다가온다

무딘 삼십 년의 인연들이
비지장과 청국장에

꽁보리밥 비비며
즐거운 저녁시간

등 시린 보릿고개의 추억들이
그리움되어
유월의 향그러움 속에 피어나고
써레질 끝낸 무논에
개구리 울음소리
오늘밤이 하얗게 걸어온다.

명동초소

유월이 오면
아리도록 귓전에 맴도는
비명소리
저미低迷져 가는 아픔을 삭일 수 없어
핏빛 산딸기로 피어올랐다
지뢰밭 산하에

포연이 멈춘 중부전선에 퍼지는
간드러진 목소리의 대남방송
그 여자의 양쪽귀와
전 소대원의 목을 바꾼
철없는 병사의 만용에
날 새워 칼을 가는
복수의 바람만
텅 빈 소대막사에
소용돌이친다

망초꽃 흐드러지게 피고
거미줄에 휩싸인
낡은 단층 건물
갈라지고 무너진 벽 사이
멈춘 시간의 흔적들

꽃다운 젊은 병사들의 한이
하얀 찔레꽃 향기로
아롱지는 계곡
아물지 않은 속살 감추며
묵묵히 서있는 전설의 명동초소
소쩍새 피 토하는 울음만
메아리친다.

* 대성산 말고개 넘어 아군 GP 아래 민정경찰(수색대) 회식 중 시끄러운 대남방송에 귀를 잘라버리겠다는 농담을 부추겨 실행에 옮기자 다음날 전소대원의 목을 잘라간 사건. 교육차원에 명동초소라 칭하고 보존.

줄넘기

유월 하순의 폭염과
일상에 지쳐
세종시에서의 달콤한 밤이
익어갈 즈음
다섯 손주의 홍일점
"시은이한테서 카톡이 왔다
성남컵 전국 줄넘기 대회
일학년 왕중왕 수상"
재석이의 최우수상 수상사진
엊그제 입학했는데
고맙고 대견하다
물론 어미의 공이 반이겠지만

지푸라기 모아다가
고사리손으로 새끼꼬아
검정고무신 옆에 벗어놓고
줄넘기하며 뛰놀던

반세기를 훌쩍 뛰어넘은
세월 속에 녹아 있는 그림들을
꺼내 본다

엇갈아 뛰기와
이단 뛰기에 끝까지 남으려고
얼마나 이를 악물었을까
그 끈기가 박수깜이다
아무 탈 없이 건강하게
자라주길 기원하면서 –

호박꽃

그리움 토해내는
뜸북새 울음소리 들으며
삼복 염천炎天에
아등바등 기어올라
삶의 넝쿨손을
토담 위에 놓는다

해맑은 웃음으로
샛노랗게 피어나
벌 나비
주린 배 채워주고
볼때기에 간식까지 붙여 보내는
인심 좋은 누님 같은 꽃

깔아놓은 방석 위에
펑퍼짐한 엉덩이
내려놓으며

부채 같은 이파리 살랑살랑
누렇게 살찌워 간다
고추잠자리 벗삼아
주인영감 안아줄 날만 기다리며
옹골차게 뻗어나간다.

분노의 막걸리 사발

청연淸姸한 노을 속에
연거푸 돌아가는 막걸리잔
이놈의 세상
목소리들이 부풀어오르며
분노를 터트리는
웅성거림 속에
술잔들이 분주하게 돌아간다

공부 중단한 바보 같은
나한테도 화가 난다

광주 사태로
전라도 건설사는 은행융자가 막혀
부도냈다는 나쁜 놈
깡패소장을 동원해
화곡동 수원 화서동 현장들을
쑥밭으로 만들고

최상무를 포함 몇 명의
업자들이 세상을 등지고
수천의 노동자들이 생활고를
겪었던 80년도

여수에서 재기해
서울로 올라온 부*건설 이*근 회장
고향마을에 몇천 억 원을 써서
칭송받기 전에
머리 숙여 사죄가 먼저 아닐까,
분노의 막걸리 사발을
던지고 싶다, 그 뻔뻔한 상판대기에.

전등사 나녀상裸女像

함초롬한 제비꽃 같은
산 아래 주막 처자의
매끄러운 앙가슴을 지나
터질 것 같은 탐스런 젖가슴을
먹줄 놓아 깎고 다듬어 갈아내는
대목장大木匠 노총각
이마에 흐르는 땀을 훔치며
뭉게구름 피어오르는 하늘을 보며
길게 탄식한다

주막 뒤 청보리밭에서
옷고름 풀어헤치고
손가락 걸며 약속했던
황홀했던 그 순간들을
가슴 시리도록 그리워하며
일 년 치 품삯보다 마음이 더 아파
족대패 든 손을 파르르 떤다

잠들면 가슴을 더듬던
그 고운 손을 기억하며
망치와 끌로 파내려가 높게 들어
마감하고
싱싱한 복숭아처럼 탱탱한
엉덩이를 깎고 또 깎아 다듬어낸다

도편수에게 청하여
네 곳의 귀공포에 올려 지붕을 받치니
창피하고 힘들어도
스님들의 염불소리 들으며
개과천선하라고
모진 마음 달래며 용서하니
강화 전등사의 전설이 됐다.

* 도편수: 조선후기 궁궐이나 사찰 공사 책임자 호칭.
　무관정삼품 당하관 벼슬.

굴비

이마에
다이아몬드 문양을 한
용궁의 귀족
어쩌다 줄줄이 새끼줄에 엮이어
하얀 소금 뒤집어쓰고
풍장을 당하나

진득하고 군침 도는 그 맛 때문에
추자도 어부는
오늘도 바쁘다

설날 아침
밥투정하는 막내손자
밥상머리로 끌어들이는
신사임당보다 더 신통력이 좋은
굴비 한 마리

몸은 비록 찢기고 부서져도
두 눈 부릅뜨고 누워 있다

바다의 귀족답게
연평도의 파돗소리 그리워하며.

복수초

개암사
전나무 숲길 지나
원효의 숨결이 수미저 있는
잔설 쌓인 언덕배기 바위틈

눈석임 속에서
언 땅 가르고 솟아오른
연분홍 꽃대에 노란 꽃망울
열정의 꽃 얼음새꽃

울금바위 기氣를 받고
초야初夜 치른 여인처럼
수줍은 듯 화사하고 당당한 꽃
너의 싱그러움에 발길 멈춘다

애타는 사원 맘에
노란 가슴 풀어헤치고

시샘바람에 살짝 웃고 있는
너의 곤혹스러운 자태에
영원한 행복과
슬픈 추억의 꽃말을 새겨본다
시냇물 따라 흘러내리는
봄소식에
화려한 연초록 세상을 꿈꾼다.

겨울나무

아름다운 잎새들
다 떨구어 보시하고
칼바람에 잔가지까지 보내고 나면
파란 하늘 품은 몸뚱이
울지 않으려고
우둠지 가지마다
가슴저민 그리움을
꾹꾹 눌러 담는
겨울나무

함박눈 쏟아지는 해거름에
깡마른 몸으로
소복소복 쌓이는 눈 뒤집어쓰고
안으로 안으로 영혼을 살찌우며
옆으로 세월을 먹는다

앙상한 가지에

까치 한 쌍 보금자리 틀 때면
밝은 햇살 한 줄기 끌어당기고
하얀 젖줄 뽑아 올려
설운 가지마다
연둣빛 새순들을
옹골차게 터트린다.

입춘 지나서

동네 어귀
배롱나무 가지에
시도 때도 없이 겨울바람 다가와
조몰락대던 설한풍
그대의 기지개 켜는 소리에
줄행랑치고
앞산 골짜기마다 하얗게 쌓인 잔설들
그대의 따스한 입김에
눈물 방울방울 맺혀 스민다

물씬 나는 풋내음 속에
여기저기 삐쭉삐쭉
머리 비비대며
장독대 옆 매화 빙그레 미소 짓고
산수유 노랗게 물든다

꽃샘바람 아무리 몽니 부려도
그대는 벌써
연초록 융단을 깔고 있구나
그 위에 신명나게 한판 놀고 있는
그대의 은미隱微한 발걸음
피어오르는 봄 향기에 취해
내 가슴의 잔설도
방울방울 맺힌다.

설날 아침

차례상 앞에서
보이지 않는 조상님들께
술잔 올리며 재배하고
햇빛 한 접시 세월 한 사발
떡국물에 먹고 나면
손자들의 재롱에 웃음꽃 피고
적막했던 집안에
온기가 감도는
설날 아침

율곡 어머니께서 분주하시고
해맑은 웃음들이
굴러다니는 설렘의 아침

눈꽃 핀 참죽나무에
까치가 울어대는 아침이면
세월이 움켜간 백발 위로

수건 뒤집어쓰고
함박눈 쏟아지는 고샅 너머
지나는 버스마다
까치발로 바라보시던
그리운 모정

매주 곰팡이 냄새나는
정겨운 그곳
핏빛 그리움이 흘러내리는
회한悔恨의 아침이다.

시들한 소한

꾸어다라도 한다는
소한 추위
설한풍은 어디 가고
추적추적 겨울비가 온다

앙상한 나무들
앞가슴 풀어헤친 채
후줄근 비를 맞으며
간절한 염원, 바람을 두드리고
빛 바랜 억새풀만
휘청휘청 도리질치며
잿빛하늘 끌어당기는
이름값도 못하는 소한 절기

돌미나리 삐쭉 내민
얼음장 밑으로
하얀 포말 일으키며

도란도란 흘러가는 서호천 언저리
알몸의 버드나무
살레살레 고개 흔들며
쏟아지는 겨울비에 세월의 아픔 잊고
초록 세상 꿈꾸며
진저리를 친다

겨울 한복판에
벌써 봄을 향해 걷고 있는
내 영혼의 바람소리 들으며.

제3부

꽃을 피우는 그리움

가을비

추석
연휴 낀 구월 끝자락
빚쟁이 같은
가을비 추적추적 내린다
청록의 이파리들
어루만지는 차가운 손길에 소스라치며
불그스레 달아오르고
이별의 서러움에
푸른 숨결로 오들오들
눈물짓는다

서산에 기울던 눈썹달도
포동포동 살이 쪄
잿빛 구름 뒤에 숨어 졸고 있고
갈맷빛 잎새들
말끔히 씻겨
알록달록 가을 단풍 재촉하며

보슬보슬 하염없이 내리네

뜨거운 커피잔 위로
쏟아지는 젊은 날의 추억들
흐르는 빗소리에 스미어
곱으로
아린 가슴 적시는
쓸쓸한 황혼의 여정
내 맘도 벌써 물이 들었네.

폭염

등줄기를
타고 내리는 땀
샛강물처럼 흘러
안전화에
축축이 고이며

순댓국집
가마솥에 푹 쌈긴 더위가
달구어진
콘크리트 바닥에서 익어가는
오후

철판 위에서
계란이 반숙프라이 되고
철근 가락에
고무장갑이 녹아 붙는 열기

도서관,
아파트, 회사 사무실에서
에어컨에 쫓겨난
실성한 더위가
떼지어 몰려다니는 건설 현장

해거름
솔바람 맞으며 수돗물에 발 담그고
얼음 수박에
시원한 얼음막걸리 한 잔
부러울 것 없는 피서다.

참새구이

눈보라치던
육십오 년 전 어느 겨울밤
하얀 초가집 처마 끝
손전등 불빛 아래
푸드덕 푸드덕
민첩한 손놀림에
두어 마리씩 잡혀 나오는 참새들
줄줄이 새끼줄에 엮이어
사랑방으로

막걸리 심부름은
어린 나와 미국에 가 있는 친구 몫
소고기하고도 안 바꾼다는
참새구이
배고픈 시절이라 꿀맛이었지

구성진 육자배기에
막걸리 몇 순배 돌아가고
담요판에 화투장 깔리면
조용히 나와 신발 신던
어린 날의 망년회 기억.

눈 맞으며

오지게
함박눈 쏟아지는 아침
억새꽃 하얀 미소로 춤추는 숫눈길을
서걱이는 텅빈 가슴으로
함박눈 맞으며
고봉으로 쌓인 서호천 길을
자박자박 홀로 걷는다.

하얀 눈의 세상
너의 영혼을 안고
하얗게 순결해지는 가슴속에
촛불 하나 켜본다
선명하게 밝아오는 설렘의 기억 속에
녹아드는 환한 얼굴들
하얀 눈길따라
나부끼는 그리움

까치발 들고 뒤돌아봐도
외로운 발자국만
함박눈 속에 묻힌다
나도
그 하얀 품속에 묻히면서
하얗게 쏟아지는
설레는 그리움
축복의 눈발이다.

실직 소묘

벌겋게
밤송이 벙글어
알밤 밀어 내고

억새 허리
휘감아 부는 소슬바람에
떼굴떼굴 굴러가는 낙엽들

귀뚜라미 구슬피 우는
이 밤도
혹시나 하고 머뭇대는 그리움

한살매 잡았던 손
놓고 보니
애열愛悅 같은 마음인데

시린 가슴에 돋아나는

머물 곳 없는
생채기들

해거름
타는 노을에
야속한 세월의 나이테.

진도의 으뜸

세방리
에움길의 전망대에 올라
드넓은
남해바다의 올망졸망 섬들 위로

홍주에
취한 듯 타는 듯
붉게 지는 저녁노을

숨이 멈춰버린
붉은 비단 같은 다도해

울긋불긋
꽃단풍도 옷깃 여미고
손가락, 발가락섬 가리키며
미소 짓는다

엎드려 우는 사내등 뒤로
동백사 스님의
천년 한
멍울진 자리에
솟대꿈이 번지는
진도의 소리이며 자랑이다.

진달래

억새밭
맴돌던 설한풍 길 나서자마자

무엇이
그리 급해 이파리 없는 알몸으로
눈시울 붉게 물들이며
앞다투어 피었나

잔설도
녹기 전에 젖몸살 앓듯 아픈
가슴 움켜쥐면서
사랑꽃을 피웠구나

붉은
그리움 어쩔 수 없어
힘들게 핀 꽃술마다
내일의 꿈을 새기리

진저리치며 피었구나

지천으로 핀
연분홍 봄바다에 파도치는 내 마음
소복이 쌓이는
늑골 시린 짝사랑.

꽃비 내리는

청보리밭
호미 쥔 손 부르트고
발가락이 찢어지도록
한살매
살다가신 당신

밀려오는 그리움에
고향 하늘 달려갑니다

부뚜막에 앉아
되지기 한 꽁보리밥에
김치 한 조각

한겨울
설한풍의 냇가에서
맨손으로 방망이질하시던
섧디 설운 긴 긴 세월

열두 폭 가슴에
올망졸망 십 남매
꽃내음 스미는 마음밭에
잘 가꾸어 주신

우렁각시 같은
당신이 사무치게 그리워
눈시울이 붉어집니다

아카시아꽃 꽃비 내리는 사월
무심한 뻐꾸기 울음소리에
아려오는 내 가슴

부디
아름다운 세상에서 행복하시기를
기도합니다,
고맙습니다.

보리서리

따사로운
봄햇살 속에
앞자락 풀어헤친 나물 캐는 가시네
탱탱한 궁뎅이 뒤로
방울방울
벙그는 은방울꽃

마른 풋나무 모아
비사표 알성냥으로 불지 펴
초벌 굽고
불씨 모아 뜸들이면

겉은 타서 깜해도
비벼가며 호호 불어내면
풋풋하고 쫀득하며
고소한 맛

해지는 줄도 모르고

까만 주둥이에 하얀 이
서로 마주 보며 즐겁게 웃던
태산보다
높다던 정겹던 보릿고개

돌 덤불 사이로
수런대는 시냇물소리
연둣빛
치마로 단장한 미루나무 우듬지

이층
떡고치 둥지에 까치 한 쌍 입주해
리모델링이 한창이다
사랑을 위해
고픈 오월.

복숭아

눈꽃처럼
활짝 핀 연분홍 복사꽃
날리는 꽃비에
가슴 시리도록 사무친
젊은 날의 추억

윤기 흐르는
상큼한 초록바다 너울대는 파도 속에
금방 씻고 나온
새색시
궁둥이처럼 탱탱하고
향긋한 내음과
감미롭고 달콤한 속살로
유혹하는 너

미움과 서러움도
곱게 승화시키고 행복을 꿈꾸며

소담스럽고 단아한
새색시 같은 너

맺히는 눈물 위로
선홍빛 저녁노을이 붉게
물들고 있다.

복날

순이네
누렁이의 날세운 비명소리 뒤로
솔바람 출렁이는
앞개울 다리밑에 가마솥 걸어놓고
탕 탕 대는
노랫가락에 춤추는 술잔들
구름도 쉬어가는
복날이 짖어대는 날

언월도
보다 더 날카로운
삼복의 뜨거운 햇살
풀 죽은 삼베적삼 앞섶만
매만지면서 서럽게
울어대던 순이

세월의
무상함 속에 천 마리의 닭들을
홀랑 벗겨 용트림시키는
백발의
순이네 삼계탕집이 문전성시라네

농사에서 장사로 넘어가는
산업의 변화 속에
먼 산 뻐꾸기 울음져 내리는
앞개울 다리밑에
우렁찬 쓰르라미 소리만
다리발을 감싸고 돈다.

활기찬 녹색 현장

새벽
현장 노동자들의
땀방울에서
먼동이 트고 해가 솟는다
천의 가지에 백의 우듬지들의
열정에
타워크레인들이 요동치는
녹색의 아파트 현장

꺼벙이 장모 수술비
막내딸 등록금 걱정의 서씨
신혼집 마련에 바쁜 뚱보 임군
오늘도 망치자루에 불난다
그 열기에
폭염의 태양도 잠시 숨을 고른다

비 오는 날이면
일손 놓고 소주 한 잔에
가슴에 불씨만 남기며
돌아가는 고뇌의 삶

부딪치고 깨지기도 하지만
학력 외모 따지지 않고
가난해도 주눅들지 않는 거친
삶의 현장

으스름 땅거미 내리면
명주바람 앞세운
낮달도
부동의 타워크레인에 기대어
졸고 있다.

고추잠자리

살포시
벌어진 밤송이 위로 공허한
파란 하늘 맴돌아

쑥부쟁이 꽃대공에 사뿐히
내려앉아
빨갛게 물들어가는 예쁜 모습으로
좌선에 들었다

앞개울에서 태어나
폭염의 칠월을
높은 계곡에서 가족들과
피서를 즐기다

멍울진
그리움 지울 수 없어
빨간 몸살 앓더니

익어가는 몸으로 내려와
꿀보다 더 달콤한
사랑에 빠졌다

두 몸이 겹쳐
균형 잡아가는 날갯짓으로
서로 다른 세상을 꿈꾸는 투명한
날개 위로
가을이 익어간다.

나팔꽃

영롱한
아침햇살 받으며 이슬 머금고
뽀시시한 얼굴로 여명을
말아올리고

가파른
솟대 휘감아 오르고 또 오르며
공허한 가슴에 그리움만

허무한 사랑

솔바람
맞으며 불켜진 창가에 나팔귀
기울이며 보랏빛 가슴에
피멍이 맺혀

누구든
붙들고 기쁜 소식 물어보고 싶어

아등바등 줄 타듯 살아온
눈물 맺힌 꽃

나팔꽃
가슴 저민 그리움의 씨앗들이
하얀 밤 지새우며 까맣게
여물어간다.

꽃무릇

소슬바람 불어오는
선운산 자락에
무리 지어 솟아난 화려한
선홍색 꽃잎들
눈이 부시도록 붉게 타오르는 꽃

그리움에 사무쳐
심장이 멎을 듯 억장이 무너지는 가슴
멍울진 심연에
기약도 없는
슬픈 영혼의 부활

온몸을 불살라 붉은
융단 깔아놓고
선운사
범종소리에 도려내고 싶은 외로움으로
그리운 사랑 기다리며
기도하는

꽃무릇 사랑

잎도 없이
솟아오른 가녀린 꽃대만으로
선혈을 쏟으며 꽃을 피우는
죽음보다 더 강한
참사랑의 꽃.

추석

밤송이 함박웃음 웃던
추석 전날밤
햇솔잎에 갓 쪄낸 송편 입에 물고
새 고무신 한 짝 움켜쥐며
할머니 무릎에서
잠들었던 칠십 년 전의 기억이 새롭다

그리움과 경건함이 잘 이룬
추석 차례상
이승과 저승의 가족들이 모여
큰절로 올리는 약주와
음복으로
감사와 용서를 향불로 승화시키는 아침

달처럼 둥글게 차오르는 마음으로
모두 모여
도란도란 시끌벅적 웃음꽃 피고

애모의 정이 익는 가슴마다
달보다 밝고 고운 향기

귀뚜라미 울음소리에
둥근 달이 그리움을 몰고 와
얼굴 하나하나
타오르는 열병처럼 스미는
향수꽃이
벙그는 명절이다.

가을앓이

온 들녘이
황금빛으로 출렁이는 만추의 해거름
여윈 가슴에 안기는
붉은 빛 사랑

휑한 가슴에 햇살 한 줌
파고들어 외로움을 흔들고 나면
갈바람에 굴러가는
이파리 같은 내 모습

벌어진 밤송이에 알밤 빠지듯
공허한 외로움에 붉어져 흔들리며
타는 가슴,
이 밤을 하얗게 지새우고

청아한 웃음 띤 구절초 향기에
누렇게 빛 바랜

이파리들이 아스팔트에
떨어져 뒹굴고

소쩍새 애절한 울음소리에
늙은 갈대처럼 떨리는 마음
따뜻한 커피향으로
하늘 마시며

나풀대는 억새풀의 하얀 꽃들이
가뭇없이 날아가는 서호천에
괴로움에 가슴 저린
무거운 발걸음.

낙엽

해질 녘
반쯤 벌레에 먹힌 이파리 하나
소슬바람에 뚝 떨어져 나뒹구는
비명에 놀라
여윈 가지
부르르 떨며 낙엽비 내린다
외로움을 두려워하면서

가을 그리움으로
울긋불긋 곱게 물들어
아름답더니 그렇게 떠나간다
아니 때가 되어
버리는 거다
첫눈을 위해
소멸의 쓴 아픔 견디며

화려했던 시절
서로 만나지도 못하더니
낙엽 되어 부둥켜안고
윤회의 길로 드는구나
우수에 찬
나무의 순수하고 깨끗한 영혼을
뒤로 하고.

귀신놀이

아!
아까운 젊은 청춘들이
사탕 입에 오물거리며 반쯤 풀어헤치고
연인 손잡고
서양귀신 놀이 갔다가
비명과 눈물 속에 깔리고 밟혀
허우적거리며 어둠에 묻혀
사자밥 먹는
귀신이 될 줄이야

분하고 원통하여
땅을 치는 부모들의 울음소리
흘러가던 구름도
숨을 멈추고
눈물지며 울먹거린다
악귀들의 시샘이 아니고서야

아무리 서양이 좋아도
서양귀신까지

서글프고 가슴 아픈 세상
우리 것 사랑하고 좋아하는
세상으로
우리 조상귀신들에게 빌어본다.

* 이태원 참사
  희생자들의 명복을 빕니다.

입추

더위
아직은 한창인데
푹 익어버린 여름 속으로 막무가내
밀고 들어오는
입추

멋진
활공의 고추잠자리
등에 업고 가을빛의 속삭임 들으며
계절의 징검다리
속으로

붉게
활짝 핀 배롱나무
인고의 세월을 보낸 매미가 우화하더니
목이 터져라 가을
노래

봉숭아
자궁 터지는 소리에
놀라 하늘을 보니 파란 푸른 바다에
돛단배 하나 띄운다
가을을 향해.

삼계탕 집에서

목을 치고
주리를 틀어 밤 대추 찹쌀로
물고문을 한 뒤 인삼 한 뿌리 추가로
팽형烹刑에 처한
너를 보고
젓가락이 경기를 한다

막걸리 몇 잔에
내 이마가 붉은 닭 벼슬이 됐다
곱게
탈골시켜 줄 테니 해탈하거라

육도六道 윤회輪廻하거든
간첩으로 몰고
정신병원으로 보내는
정치꾼은 하지 말고
글쟁이를 했으면 한다

아니다
늙어서 성추행으로 패가망신할 수 있으니

노래꾼이 좋겠다
전생에 새벽을 열어 젖히는
목청을 살려 돈방석에 앉아
전국을 안방처럼 누비는 누구처럼
그런 노래꾼이 되거라.

오늘따라 쌓인 뼈가 빛나는 밤이다.

장마

세찬 빗줄기가
하염없이 앞마당을 쓸어가고 있고

마을어귀
은행나무 우듬지엔
히딩크 같은 장마가 걸터앉아
강약과 진퇴를 조종하고 있다

장대 같은 세찬 빗줄기를
앞뜰 수박밭에 세워놓고

휘몰아치는 센바람 불러내
뒷산 대나무숲을 마구 흔들어
나래 접고 졸고 있는 산비둘기 한 쌍
몸부림친다

네가 진저리치며 길 떠나면
파란 하늘에 웃음꽃 핀다

흰구름 몇 조각 맑은 하늘 햇볕에
말리고 있고
나도 가슴 열어젖히고
눅눅해진 젊은 날의 상념을
말리고 싶다.

겨울비

느자구 없는 겨울비가
매지구름 앞세워
발정난 고양이처럼 소리소리 내가며

황혼의 세월도 씻겨낼 듯
벌거벗은 나무 위로
떨고 있는 잔가지 위에도 주룩주룩

겹겹이 쌓인 낙엽 위로
촉촉이 젖어드는 외로움

사랑도 미움도 다 떠나보고
까맣게 탄가슴 달래고
어루만져주면서

쌓이는 눈 속에 얼어 죽을까봐
가던 길 되돌아와

겨울비 되어 하염없이 내린다.

어둠을 막아선 나목 위에
분홍빛 나래 벗어놓고
밤새워 언 땅 밀어낸다

새뿌리 돋아
이른 봄 제일 먼저 하얀 꽃 피우라고
사랑비 줄기차게 내린다.

제4부

물안개처럼 스미는 추억과 그리움

함박눈

순백의
목화송이가
먼 하늘에서 나풀나풀
살풀이 춤사위로 내려온다

앙상한 마른 가지들 소복이 덮고
따스한 입김에
별빛처럼 영롱한 꿈속에서
그리운 얼굴들 튀어나와
봉싯거리고

순결한 하얀 마음
가로등 불빛에 빨갛고 파랗게
채색되어 춤추는데

'눈은 죽은 비' 라고
루쉰(Lu Xun)은 말했다지만

저렇게 순결하고 달콤한 입술로
까르르 웃으며 다가온다

밤새 내리는 함박눈
멈출 기색도 없고

설레는 발자국 남기며
내 영혼의
들창에서 그리움으로 몸부림친다.

덕적도

넘실대는 파도 위로
중국을 향해
앞발 들고 울부짖는 각흘도의
곰바위

울창한 200년 수령
600여 그루의 적송 숲속에 펼쳐진
솔향의 피톤치드 내뿜는 1,650m의
웰빙 산림욕 산책길 걷다 보면
사랑에 빠진 연리지 소나무도 만나고

화장실과 샤워장이 설치된
시설 좋은 오토 캠핑장

해당화 활짝 핀
30만 평의 완만하고 드넓은 해안선의
고운 모래사장

황홀한 석양의 낙조가 일품인
〈고양이의 장례식〉 영화 촬영지로
유명세를 탄 천혜의 휴양지

산림욕과 해수욕을 함께할 수 있는
서포리 해수욕장
덕적도의 으뜸이다

덕적소야교를 지나
갓섬- 갓뎃섬(가운뎃섬)- 송곳여- 물푸레섬에
바닷물이 빠지자
낙지와 꽃게가 기어다니는
1,300m의 광활한 해변이 드러나는
모세의 기적
전국 12개소의 제일이다.

수온의 상승으로
민어의 섬 덕적도가 무색할 뿐

바다와 산이 잘 어우러진
관광의 명소 덕적도
오늘도
인천과 대부도의 선착장은 만선이다.

대청황제공덕비 서울三田渡碑

송파강
삼밭 나루터에
세워진 굴욕의 상징 돌기둥비

비문은
이경석이 짓고 글씨는 오준이 썼으며
제목은 여이징이 쓴
한자(뒤쪽) 만주문자(왼쪽) 몽골문자(오른쪽)의 3개국
문자로 쓴
청태종의
병자년의 승리와 공덕을 자랑하기 위해
인조 17년(1639) 2월에 높이 3.95m
넓이 1.4m 크기로 건립한
전승비

땅속에
묻었다 파내기를 여러 번 수난을 당한 뒤

1963년 1월 21일 사적 101호로
제정되고 석촌호수 개발로(2010.4)
현위치(잠실동 47)에 옮겨진
치욕의 상징물

병자호란
천혜의 요새 남한산성으로 피신해
항거하던 인조임금이 패전하자 1월에
정축하성丁丑下城하여

삼밭나루
언 땅에서 1번 절하고
3번 머리 조아리기를 3번 반복하는
신하의 예로 항복한 부끄럽고 감추고
싶은 흑역사

전두환 전 대통령의

남한산성시찰 시(1981.4.27.) 부끄러운
역사도 제대로 알고 반복되지 않도록
교훈을 삼자고
500평 규모의 공원을 조성

교훈은커녕
서양귀신놀이에 빠진 일부의 젊은이들
붕당 만들어 피 터지게 싸우는 정치인들
한술 더 떠
촛불패와 태극기패의 대립

삼전도의 치욕을 모르는 건지 아니면
다른 나라에서 온 정치 용역일꾼인지
헷갈리는 주말이다.

수박 잔치

쑥내음 솔솔 나는
모깃불 피워가며
옆에 멍석을 깔고

겉보리 한 말하고 맞바꾼
어른 아름만한 무등산수박

빙둘러 앉은
초롱초롱한 수박씨 같은 눈동자들

칼끝 닿자 쩍! 갈라지는 소리
와! 잘 익었다

두 개의 빨간 속살 바다
장마와 폭염에 새까맣게 탄 농부의
한맺힌 까만 사연들이
둥둥 떠 있는

쪼개고 또 쪼개
그믐달이 되고 눈썹달이 될 때까지

서너 조각 게눈 감추듯
먹고 나서
적막한 하늘 바다에 눈썹달 같은 조각배를 띄운다

수박빛 향기로 쓴 편지를 담아서.

가로등

어둠이
송두리째 휘몰아간
도린곁
어둠의 길잡이 가로등하나

불나비
짝을 지어 사랑놀이에
한쪽눈
부릅뜨고 정신없는데

봄이면
보슬비 오는 소리 가슴 조이며
한겨울
함박눈 춤사위로 여물어가는 사랑

한 발로
외롭게 서서 그리움 달래며

오늘도
어둠과 핏발 세우며 싸우고 있다

거룩한
헌신에 기웃대는 하얀 밤
술 취한
주정뱅이
쩔쩔매며 못 올리는
지퍼바지.

미어캣

말라하리 사막의
갈색털에 검은 줄무늬가 있는 태양의
천사들이
두 발로 서서 두귀를 쫑긋거리며
날카로운 소리로 위험신호를 보낸다

보초는
서열도 성별도 없이
자기 목숨을 걸고
가족과 동료를 지키는 망보기의
달인들

경험 많은
보호자가 더 많은 시간을 할애하는
사막의 파수꾼

너댓 가족이 모여

30~50여 개체의 한 무리를 이루고

한가족 암컷 우두머리는
남성호르몬의 증가로 체력이 뛰어나
일 년에 네 번의 번식을 한다

상위계층은 하위계층의 번식을 억제하고
새끼들의 양육을 맡기며
쫓아낼 수도 있고
그 새끼들을 잡아먹기도 한다

모계사회의 절대권력으로 통제하며
사회생활을 유지시킨다

할머니는 자기는 임신을 네 번씩이나 하면서
딸들의 임신은 시기하고
통제하며

손녀를 잡아먹기도 하는 비정한
생존의 세계

쫓아냈다가 다시 불러들여 동생들을
돌보게 하고
노약자나 부상자를 보호하는 협동의
단체생활로 유대를 강화하고

냄새로 친척을 구분하여
근친교배를 피해 우수한 혈통을 지향하는 무서운
생존전략의 동물이다.

무제

대한이 놀러 와 얼어 죽었다는
소한날
땀꽃이 피더니
소한 추위가 이틀이나 늦게 도착돼
영하 12도의 강추위에
눈까지 온다

충청도라 늦었는지
뺑덕어멈 같은 날씨 탓인지
목이 붓고
으슬으슬 한기寒氣가 든다

기다리는 봄은 안 오고
창문이
경기驚氣하는 기침꽃이 벙그는
해맑은 아침이다.

단풍

가을이
은행나무 이파리 속으로 비집고 들어와
넓은 가슴 환하게 밝히며
노랗게
한 잎 두 잎 그리움으로 번져가는데

홍조 띤
느티나무 가지 위에도 사뿐히 내려앉아
조각 달빛까지 물들게 하는
당신의
포근한 품속에서 꿈을 그리며

한 마리
하얀 나비 되어, 미소 지으며 팔랑거리는
새빨간 단풍나무 입술에
달달한
입맞춤으로 사랑에 젖어드는 설레임

귀뚜라미
노랫소리 타고 내려온 별들에게도
울긋불긋 물든 사연 들려주며
어둠의
밤하늘을 아름답게 수놓네요

갈바람에
알록달록 예쁜 옷들의 고름이 풀리며
하나 둘 떨어져 날아가고
외로움만
텅 빈 가슴에 소용돌이치는 낙엽의 계절.

세월

풋내기
등에 업고 해찰해 가면서
꽃구경하다,
잠깐 졸다 깬 것 같은데

눈밑에는 밭고랑이 깊게 파이고
정수리에는
대설주의보가 내렸네

내 아이들의 아이들이
중학생들이 되어
공부로 세월 보내고

음속의 1.3배나 빨라서
세울 수도
내려올 수도 없는 세월의 바퀴에
뒤돌아보니 열두 장의 굽이굽이

아픔이고 아쉬움뿐이네

KTX의 5.25배의 속도로
삐거덕거리며 질풍노도와 같이
달려가는 세월이 두렵다

좀 더 성숙할 수 있었는데
울컥 쏟아지는 회한의 눈물

무심한
차안此岸의 언덕에서
내가
그리워지는 입동이다.

어느 이발사의 죽음

모진 세월
외로움에 시달린 흔적의
다문다문 저승꽃

소리 내 통곡할 수도 없는
어둠 속에 꿈틀대는
가슴속의
한 맺힌 응어리

면도사와 사랑에 빠져
새끼 낳고 오순도순
살았는데
푸네기 들쳐 업고 단골손님과 야반도주

술로 보낸 한세월

찌그러진 깡통 같은
생활에도

사무친 미련 못 잊어
이발소 문 닫고 여행 갔다는 소문

12월의 폭설 속에
널브러진 소주병들과 함께
발견된 백골의 시신

핵가족 시대의
사회적 타살,
복지 정책이 절실한데
편 갈라 싸움질만 하고 있으니.

고슴도치의 지혜

만 육천여 개의 가시로
덮여 있어
서로에게 상처를 주는
무기도 될 수도 있는 가시

가시와 가시 사이로
조심스럽게 연결하고
힘을 빼며
비껴가면서
서로를 찌르지 않고
기댈 수 있는 간격을 유지하는
고슴도치 사랑의 지혜

우리도 가까울수록
더 많은 아픔과
상처를 주고받으며 살아간다

다툼과 갈등으로
살면서 생겨난 가시에 찔려
서로가 아파하면서
헤어지고 후회한다

서로의 가시를 인정하고
찔리지 않게
안아주고 거리를 두며
현명하게 관계를 맺고 사는
기술과 인내심
바로 예절이다

내면의 성장과
영혼의 교감으로
좋은 관계를 유지할 수 있는
고슴도치의
지혜와 교훈을 배워야 한다.

눈사람

함박눈이
펑펑 쏟아지는 토요일 오후
눈사람 만든다는 소리를
소원이 아빠가 전해 듣고 달려 나와
눈덩이를 크게 굴려가며 도와주신다
솔잎과
깨진 바가지로
눈썹과 코와 입을 만들고
까만 숯덩이로 눈동자를 만들며
지난해 겨울
소원이와 같이 만들 때처럼
빨간 단풍잎 하나 이마에 꽂으니
눈사람이
방긋 웃는다

'하늘나라에서도 잘 보이겠구나!'
하시며

눈시울 붉히시고
소원이 엄마도 목도리 들고 나오시면서
'코로나가 아니었으면
5학년이 됐을 텐데' 울먹이시면서
눈사람에게
감싸주는 따스한 털목도리 위로
소복소복
소리 없이 함박눈이 쌓인다.

쓸쓸한 노후

새벽녘
어둠을 밝히고 있는
가로등처럼

가진 것 다 벗어던지고
북풍한설에
알몸으로 서있는 나목처럼

갈비뼈에 파도치는
고독과 외로움에
물드는
쓸쓸한 11월의 끝자락

속으로
눈물이 빗물처럼 흘러
상처를 씻겨주는 무정한 세월

모래 한 줌 움켜쥐어 봤자
손가락
사이로 다 빠져나가듯

심장이 터질 것 같던 젊음도
지나고 보니
쓸쓸한 저녁 향기에
그리움만 쌓이는 허망한 세월

어둔 물이 깃드는 어둠골에
빛 바랜 갈대만
해거름 노을빛에 나부끼고 있다.

대설 폭우

벚꽃이
피었다는 이른 봄날 같은 기온
겨울답지 않은
계묘년 십이월 중순

살풀이 춤사위처럼
나풀나풀
흩날리는 함박눈을 기다렸는데

씻겨낼 게 너무 많은
더러운 세상인지
대설의
절기에 온종일 폭우가 쏟아진다

성난 민심의 바람결따라
몸부림치며
눈물 같은 비가

대지에 홍건하게 고여 흘러간다

한기寒氣 서린 서운함에
쓸쓸한
해묵은 추억에서 달려 나온
일렁이는 외로움의 물결
저리도 울컥거리며
못내 서럽게 스며드는데

이 한 세상
질곡桎梏 의
세월도 씻겨내리길 기대해 본다.

내일

내일이
온다기에 일찍 잠에서 일어나
동트는
새벽을 둘러보아도
내일은
간 곳 없고 바로 오늘이란다

고달픈 삶이 시작되는
오늘 하루를 버티어가며
또 좀 더
다를 것 같은
내일을 기다려본다

모든 것을 다 받아주는
바다 같은
내일을
꿈에서라도 가보고 싶다

우리는
오늘이 되는
그 내일을 위해
선물 같은 오늘을 열심히 살아간다

없는
내일을 위해
아까운 세월 낭비 말고
오늘이 내 인생의
마지막
여운처럼 사무치게 살아야겠다.

겨울 산길 걸으며

칼바람에 날려
몸부림치며 부서지면서
자연의 품속으로 아름답게
소멸되는
낙엽을 보면서
도린곁 에움길을 걷는다

소리 없이
내리는 함박눈을 맞으며
동면에 들어간
산중의
벌거벗은 겨울나무들

흰 눈이 소복소복
쌓이는
얽히고설킨 졸가지 위로
알토란 같은 씨앗들이

살포시 속살을 내밀고 있다
헐벗은 끝을
갈망하면서

푸르른
잎들에 가려 볼 수 없었던 친구들
잎지니
가까이 보이는 이웃들
기대고 싶은
외로움에 오늘도
한아름 함박눈을 품는다.

케케묵은 기억

푸른 목화밭에서
고사리손에
다래 한 주먹 따 들고
아장아장
도망칠 때 두려움의 갈등
꿈 같은
세월이 향기롭고 새롭다

정월대보름에
울타리
뜯어내 불깡통 돌리던
그리운 고샅길
세월 지나 뒤돌아보니
정겨운 고향내음

바람 불고
싸락눈 몰아칠 때

썰매 타다 물에 빠져
새파란
입술에 눈물콧물 범벅일 때
눈깔사탕 한 줄에 설레는
포근한 정

꽃처럼
방울방울 피어나
차곡차곡 쌓여가는
그리운
내 삶의 원동력.

오래된 사진첩

싸라기 눈발이 몰아치는
어느 날
해묵은 사진첩을 들여다본다
보고픈 얼굴
잊혀진 얼굴과
아직 기억 속에 맴도는 얼굴들
칠십 년의
세월을 압축시켜 놓은
빛 바랜 사진들

웃음이 절로 나오는
귀여운 모습과
사랑스러운
얼굴로 성장해 가는 모습들
시공이
녹아 있는
행복했던 순간들

울컥
눈물이 먼저 핑 돌며
금방
살아서 걸어 나올 것 같은
그리운 얼굴들
되돌릴 수 없는
세월의 수레바퀴에 아린 가슴만
설렌다

고향
마당귀에 심어놓은
더덕 향기가
물안개처럼 스미는
추억과 그리움이 놀고 있는
빛 바랜 사진첩.

여름밤의 꿈

열대야로
무더운 어느 여름밤

날개도 없이
예쁜 여자를 껴안고
하늘을
날아다니며 사랑을 나누다
떨어지는
오지게 아쉬운 순간

꿈을
깨고 나서도
자꾸자꾸 목메이게
생각나는 친근하면서도
생소한
4차원의 세계

대통령한테
지갑 받는 꿈을 꾸고
들뜬 마음으로 복권을 사고
기대했다가
돈만 날렸던 알다가도
모를
내 의지와는 무관한
꿈

오늘밤엔 또
무슨 꿈이 찾아올지.

축복의 달

연륜이 쌓여간다는 것이
설레는 기쁨이었지만
진눈깨비 같은 다짐 돌아보니
서글픈 기억들
불어오늘 질풍에 다 날려버리고
겸허한 마음으로
다시 시작할 수 있는 달

혹한의 날씨 속에 한 해가 가고 오지만
사람이 그립고
그리울수록 외로운 가슴에
냉수 한 그릇 목을 축이고
침묵 속에 맞이하는
희수喜壽

해맑은 햇살 아래
무딘 펜으로

예쁜 시집
한 권 내보겠다는 희망이 살아 있는 달

아이들의 가정에
행복한 웃음꽃이 활짝 피어나며
토끼 같은 손주들 건강하라고
기원하는 달

그렇게 또 한 해가 시작되는
축복의 달.

나도 언젠가

은퇴란 이름으로 일자리
뺏기고
외롭고 처절한 고독과 초라한 모습으로
단절된 일상

화백은
커녕 마포불백으로
풀 죽은 모시적삼 같은 측은한 몰골로
성에낀 눈빛에
담배연기 자욱한 방콕생활

한을 꺼내어
인프란트 한 어금니로
씹으면서
선인先人들의 독락獨樂을
꿈꾸어 본다

풍류를 즐기는 "나는 자연이다"가 부러우나
나이 든 푸념소리
산울림되어 삭아내리고

오늘도
송홧가루 날리는 고향의 황홀했던
저녁노을에 젖어드는
녹슬어가는
눈빛에
이슬이 맺힌다.

* 화백: 화려한 백수.
  마포불백: 마누라도 포기한 불쌍한 백수
    방콕: 홀로 방에 콕.

봄비

고즈넉한 아침에
소소리 바람에 실려
이랑이랑 비가 내린다
메마른 대지위에
어머니의 포근한 가슴처럼
가죽나무 잎새에 수런대는 그리움
소보록한 가지들
퉁퉁 부어오른 가지마다
속으로 몰래몰래 키워온
잎순과 꽃순을 틔우려 진저리친다

내 고향 뒤뜰
앵두나무 하얀 꽃들도 줄레줄레 피어나겠지
조용히 설레는 이들의 고운 눈빛을 밟고
초록 세상을 꿈꾸며……

마음에 쌓인 응어리들
살구꽃 꽃망울처럼
아프게 부풀어 오르는 그리움
봄비 맞으며
내 고향 푸른 보리밭길을
한없이 걸으며
꽃처럼 피워내고 싶구나.

봄소식

부용교 밑으로
잔설 녹아
굽이치는 해방의 물줄기
온몸으로
입김 뿜어 올려 물안개 꽃피우며
따순 햇살
등에 업은 실바람에 봄편지 띄운다

잿빛으로 말라 있는 갈대숲에
눈빛마저
촉촉해진 깊은 그리움의
산수유 향기
거친 흙밥 비틀며
기지개 켜는 새싹들의
설레임

애달픈 뻐꾸기
울음소리 봄소식을 전하면
겨우내 얼었던 가슴
아지랑이 앞세워
화알짝
풀어헤치고 나물 캐는
처녀들

부스스
눈비비고
환상의 봄마중

연둣빛 산야에 그리움과
사랑을 키운다.

산수유

한 줄기 봄햇살이
남풍 둘러업고 버선발로 달려와
품어주니
햇병아리 솜털 같은
노란 꽃순들 마디마디 솟아오른다

차안此岸의 꽃샘바람
멍든 가슴 달래며
사운대다가
강 건너 아지랑이 속으로 달려나간다

청순하고 향긋한 노란 꽃망울들
소살거리는 봄바람에 실려
샛노랗게
꽃물 뿜어내어 에움길을
밝힌다

이빨 빠진 가을 들녘에 산수유
빨간 열매
꺾이는 세월의 흐름에
새큼하게 살 오르는 그리움
시작과 끝이 제일 긴
산수유

오늘따라 유난히 빨갛다.

아내

하고
많은 사람 중에
아름다운 인연으로 만나
함께 살아온
반백년이 다 되어가는 세월

못난 나 때문에
서러운 눈물도 많이 흘렸고
종종
가슴에 멍도 많이 든 당신

주저로운*
살림살이에 아라, 영서 잘 키워
시집 장가 보내
귀엽고 씩씩한 다섯 명의
손주까지 보았으니

미안하고
정말 고마운 당신

꽃잎처럼 곱던
예쁜 얼굴에
밭고랑 같은 주름과
정수리엔 하얀 서리가 내렸어도

내 눈엔
꽃처럼 어여쁜 당신

우린
우연이 아닌
하늘이 정해준 필연으로 만난
소꼬리 우려낸
뽀얀 사골국물 같은
당신

아프지 말고
건강하게 손주들 커가는 것
보면서 행복하게 살기를
빌어 봅니다.

사랑하는 고마운 아내여.

* 주저롭다: 넉넉지 못하여 매우 아쉽거나 곤란하다.

경칩

창밖에 여우비 멈추자
화알짝
안개 걷히며 움찔움찔
새싹들의 벅찬
아우성

놀란 개구리
파안대소하며
개울물에
덜 트인 목청을 씻는다

뜨락엔
햇솜 같은 가슴으로
쑥과 냉이가 겨울을 털어내며
솟아오르고
남녘엔 활짝 핀 홍매화 소식

천둥소리에
놀란 동물들이
땅을 박차고
떼지어 나온다는 경칩

따스한 햇살이 아지랑이 등에 업혀
스멀스멀
피어오르는
연인의 날이기도 하다.

어느 늦은 봄날

아지랑이
아롱대는 푸른 하늘 속으로
종다리 높이 떠
애틋한 사랑노래 들으며
불타는 젊은 영혼들의 향기가
청보리밭에 스미는
초록물결 흐르는 나른한 봄날

어스름 달빛 아래
눈부신 하얀 순결,
알싸한 찔레꽃 내음으로
온산이 휘감긴다
엄마 젖내 나는
이 봄날이 좋아
달빛 부서지는 하얀 꽃덤불 아래
목놓아 불러본다

그리움이 밀려오는
가슴 아린
물빛 서러움.

엘레지의 꽃

망운산
동녘의 비탈진 산기슭
여명의 햇살 아래
수줍은 듯 고개 숙이며
두 손 모아
찬이슬 털어내더니

한낮의 태양 아래
보랏빛 치마
한껏 말아올리며
화려한 매무새로 꽃망울 터트려
남해에서
노고단까지 실바람에
천리향 피우는
살 떨리게 요염한
바람난 꽃

소쩍새 우는
으스름 달밤에
처절한 그리움의
아린 가슴 피멍이 들어
까맣게 얼룩진
엘레지의 꽃

환희와 슬픔을 함께하여
더욱 빛나는
남자들의 꽃.

현충일에

손녀 고사리손을 꼭 잡은
할머니
어린 딸 가슴에 새겼을 아버지의
묘비 앞에서
세월의 아픔을 찢어
눈물로
푸른 잔디 위에 붉게 물든
세월을 펼친다
젊은 아버지의 피맺힌 절규를-

장미꽃보다 진한
핏빛그리움
가슴으로 태워
동작동의 하늘을 붉게
물들이고

뜨거운 피 쏟으며
이 땅을 지켜낸 젊은 영혼들
짙은 향기 풍기며
하얀 찔레꽃으로
저 언덕을 환하게 밝힌다

한잎 두잎
눈물처럼 꽃비 내리는
유월의 산하山河

현세現世가 섬뜩하고
부끄러워 고개 숙인다.

저승 가는 길

초가 용마루 위에서
빛나는 오라*빛
눈으로
흰 메리야스 흔들며
되돌아오라고

어둡고
허기지고 힘든 길 혼자서
가지 말고
돼지 족발에 막걸리 한 사발
들이키며
여행 버킷리스트*
둘러보고 천천히 같이 가자고
훠이 훠이
불러주는 이 없어

가던 길 뒤돌아보니

애틋하게 물드는
분홍빛 석양
고단했던 삶의 차안此岸에서
예고 없던 손님에
뼈아픈 후회

엽전의 세상을 등지고

점점 밝아오는
구만리 저승길
빨려들 듯 뚜벅뚜벅

아닌데
긔가아닌데

노을이 지듯 스러져 간다.

*오라(Aura) : 인체나 물체의 주위에 발생한다고 하는 신령스러운 기운.
*버킷 리스트(BuketList) : 죽기 전에 해보고 싶은 일을 적어놓은 목록.

나무 백일홍

봄날 가고
짙어가는 초록이
안기어 오면
살포시 피고 지고
또 피면서

칠월 염천 밝히는
선홍빛의 빨간 꽃등

머리 화장 하다 말고
향기 날리며
웨이브진 알몸으로
달려 나오는
화려한 춘양이 처럼

가슴에 맺힌
샛빨간 연정으로
광한루를 환하게 밝힌다

비구니의 그윽한 미소와
그리움으로
빨간선혈 낭자하게
토해내면서
여름의 끝자락에서
파르르 떨고 있는
배롱나무

교태흐르는 배롱꽃 위에
사뿐히 앉아
풍년을 기원하는
호랑나비 한 마리
조용히
점오漸悟*의 길에
들었다.

*점오 : 점점 깊이 깨달음.

비오는 봄날의 꿈

밤새워
척척하게 쏟아지는 빗속으로
녹아나는 애달픈 마음

한순배 돌아가는
술잔 속에
선명하게 떠오르는
청순淸純한 미소 띤 얼굴

서로의 어깨를
껴안으며
달빛 보다 더 출렁이는 꿈에
과부하過負荷된
자지러진 열정熱情이 헐렁한 몸속에
스며들고
살포시 옷고름 풀어헤치는
황홀함에

보송보송한
낙엽 같은 이불을
살며시 끌어당기는
열락悅樂의 밤

어둠을 살라먹은
햇살 한움큼
삐져나온 발가락에 머물며
졸고 있다.

천년부부

관음봉 골짜기
할멈 성화에 못 이겨
빗자루 둘러메고
전나무 숲길 쓸러 나왔다가
직소폭포 아래
선녀들 내려와 목욕하는데
일주문 앞에서
까치발 들고 훔쳐보다
눈뎅이만 붓고

애타게 영감 기다리며
삼층석탑 등에 업고
호랑이가 화현化現한
대목大木이 지은 다포계 팔작집의
대웅보전
소래객蘇來客들 맞이하는
느티나무 할멈
어언 천년千年이 되었다네

징계맹경 외애밋들까지
울려퍼지는 동종소리
파란 하늘
단청 없는 누각에 꽃살무늬가
창연蒼燃 하구나.

야화夜花 향기

여우꼬리같이
복실 복실한 꽃봉오리에서
품어 저 나오는 투명안개
순이네 초가집을 감돌면서
남겨진 이들의
그리움을 풍겨주며 퍼져가는
쌉쌀하고 달콤한
밤꽃내음

문틈으로
쏟아져 들어오는 향에 취해
뒷집 오빠 손잡고
개구리 울어대던 하지夏至 전날밤
야반도주夜半逃走했던 지난 세월

홀로남아
웬수 같았던 그 날밤의 징한 냄새
때문에

저세상까지 넘나들며
밤 가시처럼 살아왔던 세월
눈물로 삭이고

손톱에
빨간 봉숭아 물들여 주던 손길들
설핏 해기우는 서산에
아스라이 흩어지는데
텅 빈 시린 가슴에
살포시 쓸어 담고픈 풋풋한
유월의 노을빛 하늘.

야화(夜花) : 밤꽃을 소리나는데로 적은 고어(古語).

5월이 가면

봄비 그친 뒤
배곯을 걱정 말라는
오월의 *하얀 꽃들 사이로
향기로운
푸른 파도가
명주바람 앞세워 일렁이는데

연초록 이파리들
날로 푸르러

튀는 물방울에
속세에 찌든 영혼이
파랗게 물들어
무아無我의 경지를 헤매는
선인들의
춤사위를 꿈꾸고

나팔꽃의 기상나팔 소리

잃어버린
자아自我를 찾아
외롭고
한 맺힌 서러움을 벗어나
연초록
새이파리처럼 살고 싶구나

고운님 닮은
5월의 영원한 소생

짙어가는 푸른 산들
날마다
빛나는 당신의 눈빛에 젖어
은빛햇살 쏟아지는

여름을 기다린다
떨리는 가슴으로.

스마트폰

늙지 말고
빨간 사과처럼 곱게 익어가자는
친구의 문안 카톡에
하루가 열리고

어두운 땅속에서
물 뽑아 올리는 아우성 소리
뙤약볕 아래
진저리 치는 희멀건 이파리들

생生의 아픔을 달래며

빛과 그림자 쫓아 길게 엎드리면
어제이고
알람 소리 요란하면
오늘이고
세월인 것을

칠흑같이 어두운 밤
임 찾아 울어대는
뻐꾸기 소리

헛보낸 젊음이 아쉬워

요술상자의 빛과 그림자 속에서
떨리는 눈꺼풀과
쥐 나는 손가락

그런 줄도 모르는 사이
어느새
노예가 되어간다
희수喜壽의 나이에.

꿈과 전설의 꽃

허겁지겁
칡순과 찔래 순
껍질 벗겨가며 주린 배 채우고
송피松皮 개떡 입에 물고
볼 비벼대는
햇살에 기대어
졸던
이팝나무 그늘

차가운 겨울 강을 건너와
텅 빈
가마솥 보듬어 안고
아궁이에
청솔가지 불 피우며
새벽 뿌연 연기로 안부를 살피고

주린 배 움켜쥐며
넘어야 했던
죽음의 고개

하얀 고봉쌀밥 한 그릇
꿈이었고 희망이었던
전설의 꽃

가로수 위로
포롱포롱 활짝 피어
칠십 년의
불콰한 얼굴에 쌀밥이
강물처럼 흐르며
봄날이 간다.

[작품론]

한없이 낮은 자세, 한없이 높은 시정신

― 윤슬 조남현 시인의 작품 세계 ―

장철주(시인, 문학평론가)

1. 간결하고 애뜻한 인간 사랑의 노래

사전에서 '각시패랭이꽃'을 찾아보면 다음과 같이 기술하고 있다.

■ 각시패랭이꽃 ― 석죽과(石竹科)에 속하는, 패랭이꽃의 일종인 다년생 초. 키는 30cm 정도자라며, 뿌리에서 여러 개의 줄기가 한꺼번에 나온다. 마주나는 긴 선형의 잎은 밑이 뾰족하며 잎자루는 없고 가장자리는 밋밋하다. 꽃잎과 꽃받침잎은 모두 5장이며, 꽃잎 아래쪽에는 연한 붉은색의 물결무늬가 있다. 수술은 10개, 암술대는 2개이며, 열매는 삭과로 가을에 익는다. 꽃 모양이 패랭이와 비슷해 각시패랭이꽃이라고 일컫는다.

세상이 시끄러울수록 크나큰 목소리만 들리고 사방천지가 어두울수록 커다란 몸짓만이 보인다고 한다. 이러한 때에 우리에게 다가온 윤슬 조남현(曺南鉉) 시인의《각시패랭이꽃》시집은 한없이 낮은 자세로, 허나 어머니의 기도처럼 더할 나위 없이 부드럽고 잔잔하게 우리 가슴 속을 파고 들었다.

　따라서《각시패랭이꽃》은 다정한 목소리의 결로 나직하게 모든 사물과 사상에 대해 읊조리고 있지만 그 울림이 큰 시집임에 틀림없다고 볼 수 있다.

　누이야
　망나니 같은 먹구름이
　한 차례 휘몰아치고 간 뒤
　차마 눈길 거두지 못하는
　내변산 자락에
　옹기종기 피어 있구나

　밀가루 뒤집어쓴 듯
　하얀 솜털에
　연분홍 진달래보다 더 고운
　네 꽃이 피어 있구나

　두고 간 새끼들아

사무치게 그립고 보고파
붉은 가슴에 하얀 멍이 들었나
가슴앓이 꽃이 피어 있구나

구름도 강물도 세월도 흐르고
이제 샘물보다 더 싱그러운
저 내변산 직소폭포 타고 올라가
눈부시고 새로운
미타찰彌陀刹에서 보자꾸나.

— 〈각시패랭이꽃〉 전문

위에 인용한 〈각시패랭이꽃〉은 윤슬 조남현 시인의 첫시집 제목이면서도, 《현대작가》 제11호에 〈먹줄〉, 〈그때가 은행잎인 것을〉이란 시와 함께 그의 등단 추천작이기도 하다.

이 시집을 몇 번이나 정독한 필자는 이 시집이야말로 타성과 안일주의에 빠져 있는 우리 문단에 모처럼 신선한 충격, 싱그러운 감성, 번개 같은 빛남을 안겨준 시집이라는 결론을 얻었다.

윤슬 조남현 시인의 〈각시패랭이꽃〉 시집이야말로 종래의 우리 나라 문단 풍토가 일제 강점기 시기에서부터 그 뿌리를 키워온 부르조아 민족주의 문학론과 모더니즘론, 또는 삶의 중심이 거세된 이른바

탐미주의적 서정시의 관습을 근본에서부터 사뭇 뒤집어 엎는, 새롭고도 충격적인 돌풍이자 격랑과도 같다고 할 수 있겠다.

수많은 시집들이 경박한 주지주의풍이나 기교주의, 다다이즘, 초현실주의, 또는 실존주의 따위가 마구 흩뿌려대는 몽롱함, 치기만만함, 무책임한 언어의 배치 등에 빠져 있을 때, 윤슬 조남현 시인의 〈각시패랭이꽃〉이 이렇듯이 당당하게 우리 문단에 등장한 것이다. 여기에서 나머지 등단작인 〈그때가 은행잎인 것을〉, 〈먹줄〉도 한번 살펴볼 필요가 있겠다.

　세상 일들은
　앞산 서리 하얗도록
　동구 밖 징검다리 위로
　한 잎, 두 잎 야위어 가고

　입동 비바람에 실려 가면
　찬서리 내리는 앙상한 가지 위에
　두 팔 벌린 성자(聖者)처럼
　조각달 걸어놓고
　하얀 눈꽃 기다리겠지

　해지는 저녁 어스름이지만
　포근하고 따스한

노란 병아리 친구들로 보고 있을까,
저 바람에 사위는 꿈조각들을
세상 일들은
가을햇살처럼 노을처럼 지나고
새봄엔 다른 몸을 열방으로 갈아 입으니
그 조각이 쌓이는
삶의 징검돌을
사뿐사뿐 딛어보고 싶구나.

　　　　－ 시〈그때가 은행잎인 것을〉전문

단풍나무 다듬어 파고 깎아내어
통을 만들고
명주실 꼬아 만든 탱탱한 줄에
향내 나는 참먹 갈아 넣고
도편수 혼을 담아
왼손에 휘어잡고
오른손 자신감의 엄지와 꿈의 검지로
힘껏 당겨 튕긴다

칼날보다 예리한 검푸른 선위에

당골네 작두 타듯
신명 나게 한판 놀고 나면
고층 아파트가 세워지고
병아리들이 뛰노는 초등학교와
'아, 대한민국' 아우성소리 드높은
축구장이 탄생한다

소리 없이 소복소복
눈 내리는 밤
흘러간 세월의 나이테를 돌아서
버팀목이 되어준
고마운 그대
회한의 시간들을 숙성시켜
곱게 승화시켜줄 날이 오겠지

오늘도 차가운 섣달 초여드레
3층 수영장 콘크리트 바닥에
플라스틱 먹통으로
팽팽하게 당겨 튕긴다
"탁" 경쾌한 소리와 함께
묵향이 퍼지면서
물안개 피어오르고

수영복 여인네들의
　　간드러진 웃음소리가 들린다.

　　　　　　　　　- 시 〈먹줄〉 전문

　《현대작가》 제11호에서 김용언·김명섭 심사위원은 세 등단작품에 대해 다음과 같이 칭찬하였다.

"시를 읽는 독자가 기대하는 것은 시 속에 사는 내포(內包)가 목적입니다. 〈먹줄〉에서 아파트와 학교 운동장을 탄생시켰으며, 〈그때가 은행잎인 것을〉에서는 따스한 추억과 시기, 〈각시패랭이꽃〉에서는 누이의 한과 그리움을 주제로 독자를 감동시키는 내포를 집안에 잘 들여놓았습니다."

　그렇다. 조남현 시인의 〈각시패랭이꽃〉은 서민적인 가락, 한없이 낮은 언어, 민중적인 정서라는 문학 보편주의의 원리를 원칙적으로 잘 지키면서도 마치 갈기를 의기양양하게 나부끼는 전설 속의 늠름한 적토마처럼 우리 문단의 들판에 당당히 등장한 것이다.

2. 작은 의식의 크나큰 진정성

  윤슬 조남현 시인이 보여주는 감수성의 특질은 공감각(共感覺)에 있다. 한 대상에 대하여 윤슬 시인은 동시에 여러 감각이 동원되어 예민한 반응을 보이며, 그것을 생생하게 인식하게 되는 것이다. 공감각은 첫째 대상에 접하여 촉발된 한 감각이 다른 감각으로 전이되는 것을 뜻한다. 곧 2개 이상의 감각이 결합된 형태를 의미한다. 감각의 전이는 원관념에서 보조관념으로 옮겨간다. 왜냐하면 보조관념의 감각은 시인의 실제적인 감각체험에서 촉발된 것이기 때문이다.

  풀내음 익어가는
  싱그러운 남도 벌판에
  메뚜기 한 쌍
  짙은 사랑을 갈무리하고
  아홉 마디의 산구절초 위에
  고향의 향수가 함초롬이 피어 있네

  팔랑거리는 가냘픈 나팔꽃
  보라색 손수건 흔들며 이별의 눈물에 젖고

하늘 냄새가 물씬 풍기는
코스모스잎 띄워 놓은
파란 호수 속으로 빨간 고추잠자리
몇 마리
땀 흘리며 하늘길을 트고 있네
알알이 탐스럽고 풍성한
가을이 오는 길을

호박넝쿨의 찢어진 누런 이파리 사이로
샛노란 들국화 향기 품으며
먼저 마중 나와 있네
사랑하는 당신
낮게 낮게 오시라고.

- 시 〈가을이 오는 길〉 전문

서쪽하늘에
으스름 내리면
아람찬교 감고도는
안개사슬이
금강줄기를 쑥빛으로 물들인다

개망초
어지러이 피어 있는 언덕배기에
밤나무 몇 그루
하얀 꽃 흐드러지게 피어
비릿한 향기
소로소로 뿜어내면
젊은 날의 청보리밭이
정겹게 다가온다

무딘 삼십 년의 인연들이
비지장과 청국장에
꽁보리밥 비비며
즐거운 저녁시간

등 시린 보릿고개의 추억들이
그리움되어
유월의 향그러움 속에 피어나고
써레질 끝낸 무논에
개구리 울음소리
오늘밤이 하얗게 걸어온다.

- 시 〈보리밥의 추억〉 전문

휴대폰을 타고 온
슬픈 소식
고질병으로 고생하던
아까운 영혼 하나

날개 홰치고
서산 넘어가는 노을 따라
이카루스가 되었네

목공일을 달란트로 여기며
영규와 연선이 잘 키웠다고
즐거워하던
술 취한 동안(童顔)의 그 모습이
아스라이 아롱지는 밤

저 세상 찾아
이소(離巢)를 하네

연화장 창문 너머
슬픈 눈물들 먹고 자란
매화가지에

하얀 꽃들이 벙그는데

훨훨 날아
수미산(須彌山) 넘어
별이 되어
애틋한 가족들의 앞길을
비춰주겠지

피붙이들의 울음소리 들으며
들꽃들 피어오르는
포근한 선영의 품속에서
잠매(潛寐)에 드네

남은 이들 가슴에
사랑과 그리움만 남기고

못다 이룬 뜻
하늘에서 이루시고
극락왕생 하시길.

— 시〈영수의 영면〉전문

망운산
동녘의 비탈진 산기슭
여명의 햇살 아래
수줍은 듯 고개 숙이며
두 손 모아
찬이슬 털어내더니

한낮의 태양 아래
보랏빛 치마
한껏 말아올리며
화려한 매무새로 꽃망울 터트려
남해에서
노고단까지 실바람에
천리향 피우는
살 떨리게 요염한
바람난 꽃

소쩍새 우는 으스름 달밤에
처절한 그리움의
아린 가슴에 피멍이 들어
까맣게 얼룩진
엘레지의 꽃

환희와 슬픔을 함께하여
더 빛나는
남자들의 꽃.

　　　　　　- 시〈엘레지의 꽃〉 전문

〈가을에 오는 길〉에 나오는 '길'의 의미는 자못 의미심장하다. 풀 내음, 짙은 사랑의 갈무리, 하늘 냄새, 땀 흘리며 하늘길을 트는 고추잠자리, 알알이 탐스럽고 풍성함 등의 이미지와 더불어 표랑(漂浪)하는 에너지를 감지할 수 있다.

그 서정적이면서도 역동적인 힘은 전적으로 다른 무엇보다도 끊임없이 존재의 전이를 꿈꾸고, 어떠한 표랑과 어려움 속에서도 그것을 실현해 왔던 윤슬 조남현 시인의 타고난 기질과 끊임없는 노력 덕분이라고 여겨진다.

〈보리밥의 추억〉을 보면 '언덕배기' '밤나무' '청보리밭' '비지장과 청국장' '꽁보리밥' '보릿고개' '향그러움' '써레질' '무논' '개구리 울음소리' 등 시어만 일별해도 옛 추억과 고향이 저절로 떠오른다.

한 시인의 시작품 속에는 그 작품을 가능하게 하였던 어제의 요소, 곧 전통성이라든가 역사성으로 풀이될 수 있는 과거 시간과 장소가 들어 있으며, 그 기반 위에 오늘의 요소, 곧 현재성이라든가 사회성 등으로 풀이될 수 있는 공시적 요소가 상호 배합되어 있는 법이다.
윤슬 조남현 시인은 고향과 자연을 노래하면서도 결코 지난날의 추억과 연민에 사로잡혀 있지 않다. 과거시간의 회고는 현재와 미래 시간의 튼튼한 축조를 위하여 장치해 놓고 있는 것이다.
 우리는 굳게 믿는다, 윤슬 조남현 시인이 앞으로도 결코 단순한 회고와 추억에만 집착하지 않으리라는 것을.
 〈보리밥의 추억〉뿐만 아니라, 〈복수초〉〈가을비〉〈참새구이〉〈장마〉〈복날〉〈무제〉〈단풍〉 등, 여러 편의 시작품에서 우리는 윤슬 시인이 삶의 오열, 외로움, 그리움, 기다림, 후회, 반성, 따위를 식물과 동물과 계절 등, 자연 현상과 너무도 눈물겨운 아름다움으로 합일시키는 시작업에 성공함으로써 낳은 훌륭한 절창들을 볼 수 있다.

 〈영수의 영면〉을 살펴보면, '슬픈 소식' '고질병' '아까운 영혼' '제 세상 찾아 이소를 하네' '연화장 창문 너머' '매화가지 하얀 꽃' '수미산' '애틋한 가족들의 앞길' '피붙이의 울음소리' '포근한 선영의 품속' '사랑과 그리움' '못다 이룬 뜻' '하늘' '극락왕생' 등을 통해 안타까운 죽음에 대한 깊은 애도심이 표출된 시작품이다.
윤슬 시인은 〈각시패랭이꽃〉을 통하여도 누이동생을 추모하며 삶과 종교에 대한 깊은 관심을 표명한 바 있으며 〈노을〉을 통해서는 "이승의 문턱 넘어/ 진저리치며 스러지는" 노을과 세월, 세월과 삶에 대한 고구(考究)한 바 있다.

윤슬 시인은 삶이라고 하는 것은 어느 한 개인의 삶이 아니라 다른 사람의 삶이기도 하며, 동시에 우리 함께 사는 민족과 역사의 세계이기도 함을 곳곳에 강조하고 있다. 그 때문에 우리는 조 시인의 작품에 반영된 개인, 가족, 혈연, 이웃을 통하여 삶의 내용과 그 생생한 전개과정을 구체적으로 알아보려 하는 것이다.

이런 과정을 바탕으로 우리는 윤슬 조남현 시인의 첫 시집을 통하여 시인의 작품 속에 깃들어 있는 삶의 정체성, 총괄성으로서의 정서와 진정성 있는 시정신을 다시금 정리해 보고자 한다.

윤슬 시인의 시작품은 그가 새로이 만나가고 있는 편재적(遍在的) 신성들에 의하여 점점 높아지고 또한 깊어지고 있다. 우리는 삶 구석구석마다 미만해 있는 신성, 그것을 통하여 윤슬 시인은 또한 주위에 편재하는 고통과 슬픔을 넘어서고자 한다.

이같이 고통의 실체를 망각하지 않으면서 고통보다는 행복, 불화보다는 화해를 노래하려는 윤슬 시인의 시적 탐구욕이 이 험난한 불모의 시대에 역설적인 저항의 한 형식이 될 수 있다고 필자는 본다.

〈엘레지의 꽃〉 등의 시편을 보면 한없이 낮은 자세가 오히려 큰 사랑의 힘을 지닐 수 있는 것을 우리는 윤슬 시인의 첫 시집 곳곳에서 발견할 수 있으며, 또한 확인할 수 있다. 이 같은 보편성의 획득이 가능한 것은, 짧지만 속 깊은 시작품 속에 깃든 조 시인의 드높은 시정신을 우리가 찾아볼 수 있기 때문인 것이다.

시인의 진정으로 사물 속에 숨어 있는 말을 찾아내고, 사물 속에서 방금 알에서 깨어나온 나비나 병아리처럼 다시 세상 속으로 빠져나오는 시어(詩語)를 채집하기 위해서는 자신의 삶과 주변의 삶에 깊은 관련을 맺어야만 한다. 더욱 뜨겁고 긴밀한 관련이어야만 자신의 입지를 확보해 갈 수가 있다.

〈달맞이꽃〉〈할미꽃〉〈목련의 봄〉〈수수꽃다리〉〈능소화〉〈호박꽃〉〈복수꽃〉〈진달래〉〈나팔꽃〉〈꽃무릇〉〈낙엽〉〈산수유〉 등에서 우리의 윤슬 조남현 시인은 사물이나 현상 속에 숨어 있는 참으로 고유하고 의미심장한 말을 찾아내기 위하여 부지런한 시인의 삶을 살고 있다. 그렇다고 난삽하거나 생경한 시어(詩語)를 찾는 게 아니라 쉬우면서도 깊이 있는, 살아 있sms 말을 찾는 것이다.

3. 진정성 있는 삶, 고귀한 삶

아지랑이
아롱대는 푸른 하늘 속으로
종다리 높이 떠
애뜻한
사랑노래 들으며
불타는
젊은 영혼들의 향기가
청보리 밭에

스미는
초록이 흐르는 나른한 봄날

어스름
달빛 아래 눈부신 하얀 순결,
알싸한
찔레꽃 내음으로
온산이 휘감길 때
엄마 젖내 나는
이 봄이 좋아
달빛 부서지는 하얀 꽃덤불 아래서
목놓아 불러본다

그리움으로 밀려오는
가슴 아린
물빛 서러움.

— 시 〈어느 늦은 봄날〉 전문

하고
많은 사람 중에

아름다운 인연으로 만나
함께 살아온
반백년이 다 되어가는 세월

못난 나 때문에
서러운 눈물도 많이 흘렸고
종종
가슴에 멍도 많이 든 당신

주저로운*
살림살이에 아라, 영서 잘 키워
시집 장가 보내
귀엽고 씩씩한 다섯 명의
손주까지 보았으니

미안하고
정말 고마운 당신

꽃잎처럼 곱던
예쁜 얼굴에
밭고랑 같은 주름살과
정수리엔 하얀 서리가 내렸어도

내 눈엔
꽃처럼 어여쁜 당신

우린
우연이 아닌
하늘이 정해준 필연으로 만난
소꼬리 우려낸
뽀얀 사골국물 같은
당신

아프지 말고
건강하게 손주들 커가는 것
보면서 행복하게 살기를
빌어 봅니다

사랑하는 고마운 아내여.

— 시〈아내〉전문

내일이
온다기에 일찍 잠에서 일어나
동트는
새벽을 둘러보아도
내일은
간 곳 없고 바로 오늘이란다

고달픈 삶이 시작되는
오늘 하루를 버티어가며
또 좀 더
다를 것 같은
내일을 기다려본다

모든 것을 다 받아주는
바다 같은
내일을
꿈에서라도 가보고 싶다

우리는
오늘이 되는
그 내일을 위해
선물 같은 오늘을 열심히 살아간다

없는
내일을 위해
아까운 세월 낭비 말고
오늘이 내 인생의
마지막
여운처럼 사무치게 살아야겠다.

- 시 〈내일〉 전문

만 육천여 개의 가시로
덮여 있어
서로에게 상처를 주는
무기도 될 수도 있는 가시

가시와 가시 사이로
조심스럽게 연결하고
힘을 빼며
비껴가면서
서로를 찌르지 않고
기댈 수 있는 간격을 유지하는
고슴도치 사랑의 지혜

우리도 가까울수록
더 많은 아픔과
상처를 주고받으며 살아간다

다툼과 갈등으로
살면서 생겨난 가시에 찔려
서로가 아파하면서
헤어지고 후회한다

서로의 가시를 인정하고
찔리지 않게
안아주고 거리를 두며
현명하게 관계를 맺고 사는
기술과 인내심
바로 예절이다

내면의 성장과
영혼의 교감으로
좋은 관계를 유지할 수 있는
고슴도치의
지혜와 교훈을 배워야 한다.

― 시 〈고슴도치의 지혜〉 전문

새벽녘
어둠을 밝히고 있는
가로등처럼

가진 것 다 벗어던지고
북풍한설에
알몸으로 서있는 나목처럼

갈비뼈에 파도치는
고독과 외로움에
물드는
쓸쓸한 11월의 끝자락

속으로
눈물이 빗물처럼 흘러
상처를 씻겨주는 무정한 세월

모래 한 줌 움켜쥐어 봤자
손가락
사이로 다 빠져나가듯

심장이 터질 것 같던 젊음도

지나고 보니
쓸쓸한 저녁 향기에
그리움만 쌓이는 허망한 세월

어둔 물이 깃드는 어둠골에
빛 바랜 갈대만
해거름 노을빛에 나부끼고 있다.

- 시 〈쓸쓸한 노후〉 전문

오늘날 상당수의 젊은 시인들은 사물이 내뿜는 진정한 말을 제대로 발견하지도 못하고, 이미 남이 발견해 놓은 말을 흉내나 내거나, 말로서의 고유의미가 전혀 성립도 되지 않는 말을 함부로 내뱉어 시(詩)의 질서를 더욱 혼란 속에 빠트리고 있다.

윤슬 조남현 시인은 〈각시패랭이꽃〉 시집 속에서 고요의 절대적인 경지가 무엇인가를 보여주며, 대비와 은유, 직유와 환유 등 여러 수사법을 자연스럽게 섞은 시작품들을 여럿 보여주었다.

- 아롱대는 푸른 하늘과 애틋한 사랑노래
- 불타는 젊은 영혼들의 향기와 초록물결 흐르는 나른한 봄날
- 어스름 달빛과 눈부신 하얀 순결

- 알싸한 찔레꽃 내음과 엄마 젖내
- 그리움과 가슴 아린 물빛 서러움
- 아름다운 인연과 반백년 세월
- 못난 나와 서러운 눈물
- 꽃잎처럼 곱던 예쁜 얼굴과 밭고랑 같은 주름살
- 우연과 필연
- 동트는 새벽과 바다 같은 내일
- 아까운 세월과 마지막 여운
- 만 육천여 개의 가시와 기댈 수 있는 간격
- 현명한 관계와 기술과 인내심
- 내면의 성장과 영혼의 교감
- 가로등과 북풍한설
- 고독과 외로움과 쓸쓸한 11월의 끝자락
- 빗물처럼 흐르는 눈물과 무정한 세월
- 쓸쓸한 저녁 향기와 허망한 세월
- 빛 바랜 갈대와 해거름 노을빛

참으로 다양한 시작품들인 〈어느 늦은 봄날〉〈아내〉〈내일〉〈고슴도치의 지혜〉〈쓸쓸한 노후〉 등을 통해 과거의 체험, 시간들과 대응되는 조건들에도 따뜻하고 진정성 있는 시선으로 시인적 표상과 현실이 그대로 감지될 수 있는 작품들을 빚어 보여주었다.

젊은 시인들(극히 일부지만)의 작품 속에는 오랜 연륜이 보여주는 영혼이나 생명 등으로 불릴 수 있는 거룩하달까, 신성스럽달까 하는 시정신이 이제 사라지고 없다.

영혼이 죽어버린 시인, 정신이 죽어버린 시인, 생명을 키우고 가꾸는 일에 관심이 없는 시인 등등. 말만 들어도 소름이 끼치는 시인들도 있다.

그런데 실제로 오늘날 우리 주변에는 이러한 시인들이 얼마나 많이 있는 것이다. 위기라면 바로 이 점이 오늘날 한국문학이 직면한 위기의 실체요, 중심인 것이다.

윤슬 조남현 시인의 〈각시패랭이꽃〉에서는 시의 본질, 가족 사랑, 참다운 시정신을 발견할 수 있다. 뚜렷한 목적의식이 있으며, 고상한 영혼과 싱그러운 정신, 생명이 스며 있는 시편들이 대부분이다.
우리 독자들은 〈각시패랭이꽃〉 시집 속에서 조남현 시인이 마련한, 독특한 시적 장치 속에서 은은하게 빛나는 패랭이꽃 정신과 만나는 것이다.

사계절 내내 건설 현장에서 온몸으로 뛰며 살면서도 시(詩)를 간직하고 살아온 윤슬 조남현 시인. 한없이 낮은 자세이지만 한없이 높은 시정신을 표출해낸 윤슬 조남현 시인.

우리는 그의 시작품들이 앞으로 더 큰 비상을 향해 고동치며 자신만의 개성 있는 길을 힘차게 열어갈 것임을 확신한다. 시(詩) 쓰는 윤슬 조남현 시인의 손끝에 크나큰 축복이 있으리라.

각시패랭이꽃

지은이 | 조남현

1판 1쇄 발행 2024년 9월 12일

펴낸이 | 길명수
펴낸곳 | 배문사
출판등록 1989년 3월 23일, 제10-312호
주소 서울시 서대문구 경기대로 76
전화 (02)393-7997
팩스 (02)313-2788
e-mail pmsa526@empas.com

편집 인쇄 삼중문화사

ⓒ 조남현 2024
ISBN 979-11-982295-6-4 (03810)

값 20,000원

* 낙장 및 파본은 교환하여 드립니다.